HOLACRACY
ホラクラシー

ブライアン・J・ロバートソン［著］
瀧下哉代［訳］

役職をなくし生産性を上げる
まったく新しい組織マネジメント

PHP

発刊によせて――デビッド・アレン推薦文

私がブライアン・ロバートソンに初めて会ったのは、２０１０年にカリフォルニアで開催された「コンシャス・キャピタリズム」というコンファレンスでともに講演者を務めた時のことだった。組織を構築し運営する、斬新でダイナミックな方法についての彼の考え方を聞き、私は心を奪われた。

当時の私は、組織運営に関する自分自身の誤りから痛い目に遭っていて、小さいながらも熱意のある自社を、私がＣＥＯの役割を演じることなく、それ自体で回るようにする方法はないものかと、あれこれ模索している真っ最中だったのだ。

その頃には、私は自分がＣＥＯの役に最適ではないと気づいていた。著書『ストレスフリーの整理術』で人気になったＧＴＤ手法のスポークスマンやその守り手としてのほうが、組織にとって私の価値が高かったからである。

ちょうど、ＧＴＤ手法への関心が世界中で高まってきたのに応えるため、当社の業務を拡大する試みに着手したところだった。私自身にはできないことがわかっていたので、私以外の誰かや何かが、そのプロジェクトの運営を指揮する必要があるだろうと考えていた。しかし当社の重大なDNAと完全に調和するとは限らない、強力な個性を持つ人物に、「会社を経営する」権限を託すのは難しい問題だった。私たちが組織として行っていたことは、個々の私たちの誰の手にも余る大きな仕事だと感じていた。それなのに、誰かに「任せて」しまうと、世界に羽ばたこうとしていたシンプルながらも繊細で洗練された知的財産の手綱を引き渡すことになる。

そこで私は、CEOの要らない組織にしたかった。少なくとも、これまでのようなCEOは不要だと考えたのである。

ブライアンのメッセージとホラクラシーの経営モデルは、私の世界を震撼《しんかん》させた。彼が提案するように機能するなら、これこそ正に私が探していたものだった。私は比較的早急に決断し、ホラクラシーを自社に丸ごと採用し試してみることにした。ホラクラシーがうまくいくかどうか、できるだけ早く知る必要があったのだ。このモデルは非常に強力に思われたので、却下するか採択するかの二つの選択肢しかない、いずれにせよ、中途半端にやるべきでない、と考えた。

ホラクラシーは5年越しのプロジェクトになるだろうと、私は（幸運にも）直感した。たとえホラクラシーがうちの組織の軌道に適していなかったとしても、このモデルは非常に筋が通っていると納得できたので、当社の危うい企てが試練になろうとも、リサーチする価値があると思われた。

私のキャリアは、生産性向上――主として個人に関して、次に組織に関して――を中心に展開してきた。重要人物がGTD手法のベストプラクティスを取り入れた場合、彼らのエコシステム全体に大きな波及効果があることがわかっていた。

しかし、ブライアンのスピーチで、基本的なオペレーティング・プロセスを変更することにより「水のように澄んだ心」(GTDで達成される、個人の明瞭な状態を表すために私が使っているメタファー)と同等の組織を達成できると聞いた時、これが〝開拓する価値のあるフロンティア〟であることが私にはわかった。

このまえがきを書いている時点で、当社のホラクラシー導入から3年あまりが経過し、5年という私の予測は正確であったように思われる。

組織のオペレーティング・システムを変更するのは、骨の折れる試みである。

当社は、柔軟で、オープンで、透明で……つまり、わりあい現代的な会社であることに誇りを持っていた。しかし、ホラクラシーのプロセスの幾つかを導入した途端、私たちが良かれと思って行っていた習慣や仕事のやり方は、変革されるべきものだったのだということが明らかになった。

この話の素晴らしいところは、最初から私たちにどれほどポジティブな変化が起こったか、という部分にある。そのポジティブな変化は今も続いている。ミーティングとコミュニケーションの新しい形式により向上した明瞭さを一度味わったら、ホラクラシーのシステムを却下することは難しい。

「英雄的リーダー」を持つ必要性を手放した時に、どれほどのプレッシャーから解放されたかを一度実感してしまうと、その方向に後戻りすることは、非常に滑りやすい坂道に投げ戻されたように感じるだろう。

ブライアンが示しているように、ホラクラシーは万能薬ではない。組織の「ひずみ（現実とポテンシャルとのギャップ）」やジレンマのすべてを解決してくれるわけではないのだ。しかし、私の経験では、それらを認識し、表現し、取り組むための最も盤石な基盤をホラクラシーが与えてくれることは確かだ。

——時々、「いっそのこと、ホラクラシーが失敗してくれれば」という考えが、当社の多くの人たちの頭をよぎることがある。自分たちの不快の原因として、プロセスを非難するのは簡単だ。しかし、モデルに穴を開けるほうが、導入するよりも難しいのだ！　また、ホラクラシーにより表面化した「ひずみ」を解決するうちに、ホラクラシーのやり方とそれが意味することについて、認識が深まってきた。

ホラクラシーが傑作なのは、途中でやめても一向に構わないところだ。実際、ホラクラシーのモデル自体が、ホラクラシーをきれいさっぱり白紙に戻すことを完全に受け入れ、認めている。

とはいえ、あなたはおそらくホラクラシーを使って、その変革をできるだけ優美に成し遂げたいと思うことだろう。

２０１４年11月　オランダ、アムステルダムにて

デビッド・アレン

HOLACRACY《ホラクラシー》　役職をなくし生産性を上げるまったく新しい組織マネジメント　目次

第2部　進化を楽しめ【ホラクラシーを体感せよ】

第3部　進化を宿せ【さあ、ホラクラシーを始めよう】

第1部

職場が進化する!?
[ホラクラシーのすすめ]

1章　理想の組織とは

猫も杓子《しやくし》も既成概念にとらわれない発想を求められるなら、どうにかしなくちゃならないのは既成概念のほうなのだ。

――マルコム・グラッドウェル著『採用は２秒で決まる！　直感はどこまでアテになるか？』


私がビジネスの極意を得たのは、危うく飛行機を墜落させかけた日のことだった。

自家用操縦士免許を取得するため訓練を受けていた私に、初めて長距離のソロフライトを行う日がめでたく訪れたのだ。出発地から遠く離れた空港までたった一人で操縦し、実質飛行時間がほぼ20時間に及ぶフライトを自力で成し遂げなくてはならないとあって、私は並々ならぬ緊張感に包まれていた。

目的地まで数百キロメートル、ひとたび機上の人となれば、唯一の旅の道連れは、ちっぽけな二人乗り飛行機のコックピットにずらりと並ぶ年季の入った計器類だけだった。

離陸直後は万事順調に思われたが、まもなく、見覚えのないランプが計器パネルに点灯していることに気づいた。「低電圧」と表示されている。そう言われても、新米パイロットには飛行機のメカのことなど教えてくれないものだから、何のことやらピンとこない。

ただの誤作動だったらいいな、とランプをトントン叩いてみたものの、一向に消える気配はない。これぞという対処法が浮かばなかったので、とりあえずやっておいたほうがいいかなと、「その時は」思えたことをした。

つまり、他の計器に異常がないか、一つ一つ確認したのである。航行速度と高度は良好。航行補助装置《ナビゲーションエイド》によれば航路は完璧。燃料計はほぼ満タンを示していた。こういう計器類のすべてが、「心配ご無用」と私に告げていたのである。

そこで私は計器たちの総意をくんで、効率よく、電圧計に相対するその他大勢の計器たちを投票多数で勝利させた。はっきり言えば、電圧計を無視したのだ。他には何もおかしなところがないのだから、大したことがあるはずがない。そうだろう？

しかし実は、これはお粗末極まりない決断だった。おかげで私は嵐の中、灯りも無ければ無線も無く、おまけにガス欠寸前の状態で、国際空港近くの管制下にある空域を侵犯するという、二進《にっち》も三進《さっち》も行かない状態に陥ってしまったのである。絶体絶命ともいえるこの事態の発端は、低電圧ランプを少数意見として却下したことにあった。

電圧計とは、結局のところ、他のどんな計器とも異なる情報を感知するためのものだった。少数意見といえども、その声にこそ、あの時あの瞬間に私は耳を傾けておかなければならなかったのである。他の計器たちが何の問題も察知していなかったからといって、電圧計の知恵をはねのけるとは、なんという短絡的な決定を下してしまったものだろう。そのせいで危うく命を落とすところだったのだ。

運よく、私はパニクりながらも無事に着陸することができた。

そしてその後何カ月もたってから、あの日自分が下した決断を振り返ってみて、面白い結論に至った。私は相変わらず同じ間違いを犯していたのである。といっても空の上ではなく、仕事で率いているチームの中でのことだ。実のところ、私がコックピットの中で犯した致命的ともいえる誤りは、ほとんどの組織の中で日常的に行われていることだったのだ。

組織には、飛行機と同じようにさまざまなセンサーが備え付けられている。ただしランプやメーターではなく、〝人間が〟その役割を担い、組織のためになるよう現実の世界にアンテナを張り巡らせているのである。組織の「センサー」がある重要な情報を感知していながら、無視され、その情報が処理されずに終わってしまうことがよく起こる。

ある人が何か重要なことに気づいても、他の誰にもそれがわからないし、その人物の鋭い洞察を生かして有意義な変化を起こす手段がないからだ。こんなふうにして、組織の中で低電圧ランプを多数決で退けてしまうことがよくあるのだ。

組織は、それが属する世界の中で対処すべき事柄について、どうやって認識するのだろう？　――私たち一人一人が持つ、**周りの現実を感知する能力**を利用しているのだ。人というのは十人十色で、才能、経歴、役割、専門分野など実にさまざまだから、当然、感じる物事も人それぞれである。人の数だけモノの見方があるわけだ。

それにもかかわらず、大抵のチームでは、重要な見解でも、リーダーや大多数のメンバーと異なる意見の場合、無視されたり却下されたりすることがほとんどである。

そうならないように努めている場合でも、異なるモノの見方を一本化する方法がないので、結局はリーダーや大多数と横並びになるよう引き下がってしまう。組織が良好な軌道を保ち発展するために欠かせない、重要な情報を持っているかもしれない人物の意見を多数決で退けてしまうわけだ。

人々が共通の目的を実現するために一緒に働いている時、どのような仕組みが作用しているのだろう。この組織の仕組みというものに、私は常に興味を抱いてきた。

私が自分の会社を起こす前、常々不満に思っていたことがある。それは、会社の中でうまく歯車がかみあっていないことや、改善の余地があることを私が感知してその気づきを生かそうとしても、結局のところ限界がある、ということだった。少なくとも、官僚的な組織や社内の政治的駆け引き、長ったらしいミーティングの苦痛といったものに真っ向から勇敢に戦いを挑まなければ、何ごとも始まらなかったのである。

私は不満を述べたかったのではなく、役に立ちたかったのだ。**自分が感知したこと**から、有意義な変化を導き出したかったのである。それなのに、私がそれを実行しようとすると、お決まりのように大きな障害に遭遇した。

私が早々に学んだことは、上司が自分と同じ不満を抱いていない場合、上司を説得できなければ、その件についてはさっさと忘れてしまったほうがいい、ということだ。自分が感知していた情報は、大したインパクトを与えそうにない。でももし、私があの日の低電圧ランプだとしたら、組織は問題を抱えているわけだ。

人間に与えられた素晴らしい才能のなかでも、**今この瞬間に不協和を感知し**、**変革の余地があることを見通す能力**に、私は特に感動を覚える。それは、休むことも飽きることも知らないクリエイティブな精神であり、私たちを常に現在よりも高みへと導いてくれるものだ。システムの不調や、繰り返される誤り、あるいは非効率で煩雑なプロセスといったものに不満を感知する時、私たちは**現状とより良い状態との間のギャップ**に周波数を合わせているる。私はこれを「ひずみ」と呼んでいるが、この言葉を否定的な意味で捉えているのではない。

この状態は「改善するべき問題」の場合もあれば、「利用するべき機会」の場合もある。いずれにせよ、私がひずみ――**今の現実と感知されたポテンシャルとの間の明確なギャップを認識すること**――と呼んでいる生の体験を有意義なものにしようと目指すのは、人間だけに備わった能力なのである。

両手でグィーンと引き伸ばされたゴムひものように、私たちが感知するひずみには膨大なエネルギーが蓄えられている。そのエネルギーを利用して、感知されたポテンシャルの方向へ組織をぐぐっと引き寄せることができるのだ。

ただし、そのエネルギーを効果的に活用できるならば、の話だ。まったく、社内のどの部署のどんな人物が感知したどのようなひずみであれ、迅速かつ確実に処理され、有意義な変化がもたらされるような会社を、読者はいったい何社知っているだろうか？

ヒューレット・パッカードの創立者の一人、デビッド・パッカードもこう言っていた。「会社というのは飢えよりももっぱら消化不良で死ぬものだ」（原注１）と。つまり、組織が感知し取り込んでいるものが多すぎて効果的に処理できず、消化しきれないのだ。

では、そういう状況とは逆の場合を考えてみよう。仕事をこなしながら感知されたひずみがどんなものであれ、それに照らして、ワークフローや期待値のみならず組織の構造そのものでさえ、状況の変化に応じて常に最適なものに更新する能力が私たちのセンサーに備わっているとしたら？　しかも、その過程で他のどこにも不具合が生じないとしたら？

これは確かに難しい注文だが、それを可能にするシステムが採り入れられれば、組織にどんな変化が起こりうるかを私は目の当たりにしてきたし、その変化は、「より良い職場環境やより効果的なプロセスを創造する」といったことをはるかに凌ぐのだ。組織それ自体が進化し続けるデザインのパワーにより、もっと根本的な変革が引き起こされるのである。

現代企業のほとんどは時代遅れ

「進化」はビジネスの世界でよく取り上げられる話題ではないが、進化のメカニズムを見ると、複雑な世界の中で繁栄できるような精巧な仕組みを創り出すことにおいて天下一品である。言ってみれば、進化ほど知性の高いデザイナーはそんじょそこらに見当たらないのだ。

エコノミストのエリック・D・バインホッカーは次のように述べている。「『進化』と言うと生物学の世界のことだと思われがちだが、現代の進化理論の立場ではもっと幅広く捉えられている。進化とは一種のアルゴリズム（訳注：数学で、問題を解くための一連の演算の規則）、すなわち、革新をもたらす万能の公式であり……進化の専売特許とでも言うべき試行

錯誤を繰り返して新しいデザインを開発し、困難な問題を解決することなのだ」（原注２）

さらにバインホッカーの説明によると、市場は極めてダイナミックなのに企業の圧倒的多数はそうではない、という「過酷な真実」がある。組織は進化し適応する能力に悲しいほど乏しいのだ。市場で進化の荒波に揉まれ、生き残る組織もあれば死ぬ組織もあるが、組織自体が適応力のある有機体であることはめったになく、適応力があるように見えても上辺だけのことにすぎない。

どうしたら、単に進化を経た組織ではなく、**進化し続ける組織**を創り出すことができるだろうか。どうしたら、進化し続ける有機体へと企業を改造できるだろう。

「進化し続ける有機体」とは、感知し適応し学び統合する能力を持つ組織である。バインホッカーの言葉を借りれば、「たゆまぬ改善の鍵は『進化を宿すこと』にあり、分化、淘汰、増幅の車輪を企業の**内部**で回し続けることである」（原注３）

それを実現するための強力な方法の一つが、私たちの組織に備わっている途轍《とてつ》もない力――人間の意識が持つ、感知する能力――を活用することだ。

では、組織が目的をよりよく実現するためには、どんな方向に進化していけばいいだろう？

人間が感知するひずみの一つ一つが、それを教えてくれる道標なのだ。そういうひずみが、少なくとも組織の仕事に関わる範囲でテキパキと処理されて効果を発揮するようになれば、臨機応変に進化し続ける能力が開花し、組織は恩恵に浴することができるのだ。

これは思わず乗りたくなるようなオイシイ話だが、口で言うのは簡単でも実行に移すとなるとはるかに難しい。それはひとえに、今の組織のデザインが、あまたのセンサーから入ってきた情報に基づいてちゃちゃっと進化していけるようなシロモノではないからだ。

現代の組織のほとんどは、1900年代初期に描き上げられて以来、大して修正されていない基本設計図に基づいて構築されている。この工業化時代のパラダイムは、いわば「予測と管理」という原則に則って運営される。つまり、事前計画を立て、一極集中型の管理方法を用い、軌道を外れないように気を配りながら、安定性と成功を手に入れようとするものだ。予測と管理のアプローチは、生身の人間が実際に感知した現実のひずみに基づいて、組織のデザインを絶え間なく進化させるのではない。むしろ、ひずみの発生そのものを防止するために事前に「完璧な」システムをデザインすることに重点を置いている（完璧なはずのシステムに、組織のトップの人たちが「これじゃいかん」と気づいた場合には、組織改編が行われる）。

このような組織のモデルは、このモデルが生まれ成熟していった工業化時代という、比較的シンプルで変化の少ない環境の中ではうまく機能していた。実際、それ以前のアプローチに比べれば飛躍的な前進であり、調整と生産と進歩という点ではレベルアップしている。

しかし、今日の脱工業化社会において、組織は重大な新しい課題に直面している。企業を取り巻く環境はどんどん複雑になり、企業活動の透明性が高められ、相互接続が拡大し、タイムホライズン（計画期間）が短くなり、経済も環境も不安定で、おまけに世界により良い影響を与えることが求められている。

それなのに、リーダーが新しいアプローチを採用したとしても、予測と管理のアプローチにどっぷり浸かった現代の組織は、目まぐるしく変化するダイナミックで複雑な環境にふさわしいきびきびとした立ち回りをすることができない。しかも、現代の組織の構造では、社員の情熱と創造力をかきたてるのはほぼ絶望的である。はっきり言って、今日の組織は今この瞬間にもどんどん時代遅れになってきているのだ。

混迷深まるグローバル経済において、変化という車輪はますます回転速度を上げているため、企業がもっと迅速に適応できることが必要不可欠になってきている。

最近ニューヨークで行われたワールド・ビジネス・フォーラムで経営戦略論の専門家ゲイリー・ハメルが発言したように「激動する世界の勢いに組織の適応力は追いつけない。このような種類の変化を想定して構築された組織ではないからだ」（原注4）

私はキャリアの初期に働いていた組織で、このことをいやというほど思い知らされた。私自身を含め、個人が感知するひずみのほとんどは、どこにも行き場がなかった。ひずみは、ただ単に、**組織が持つ最も素晴らしい経営資源**だと認識されていないのだ。

感知し対応するという、私が持つ実に人間らしい能力を生かすことが上司にはできないと悟った時、私は道理にかなった唯一の行動に出た。つまり、私自身がボスになったのだ。

さあ、何を感知しようと今度こそ処理できる……！

ところがどっこい、私の上にはまだ邪魔くさい別のボスがいて、その上にはまた別のボスが、そのまた上には……。出世の階段をしばらく上った後、私ははたと悟ったのだった。自分が感知するひずみにことごとく、大手をふるって対応するためには、こういう組織のシステムから完全に離脱して、自分自身の会社を築くしかない、と。

そこで私は起業した。そして大満足だった――しばらくの間は。やがて、自分で創立したソフトウエア会社のＣＥＯといえども、限界があることに気づいたのである。

組織の構造と経営システムそのものが障害になって、自分が感知したことをすべて処理することができなかったし、１日24時間では全然時間が足りなかった。私のデスクに寄せられてくるものがあまりに複雑すぎたために、ＣＥＯたる私自身の意識でさえも組織は十二分に生かすことができなかった。でも、最悪なのはそこじゃなかった。

もっと心が折れそうになったのは、私があんなに長いことかけてやっと抜け出してきたシステム、まさにあれと同じようなシステムを自分が築いてしまったことを悟った時だった。

私の元で働いてくれていたみんなが、かつての私と同じ状況に陥っていた。そして、彼らの持つ、現実を感知する能力を生かすことができないという点で、私の組織はよその組織と大して代わり映えがしなかった。

私はできる限り良いリーダーになるよう努力した。権限を委譲し、他の人たちのニーズや抱えている問題に気を配り、私自身は自己啓発に努め、「奉仕するリーダー《サーバント・リーダー》」（訳注：ロバート・グリーンリーフが提唱したリーダーシップ哲学で、リーダーたるものはまず奉仕の精神で相手に尽くしてこそ、導くことができるというもの）に徹するよう、より一層心がけた。

ところがとことん頑張ったのにもかかわらず、私は目に見えない障壁にぶつかり続けたのである。

私がリーダーとしてどんなに頑張ろうが、現代企業の根幹にある構造、システム、企業文化は、一人一人の人間のセンサーの力が思う存分発揮されるのに必要な、打てば響くような迅速な対応を許さないのだ。そこで私はもっとよい方法を模索し始めた。

ホラクラシーとは何か

従来の組織のデザインには限界があり、新しいアプローチが必要であると指摘したのはなにも私が初めてではない。ここ数十年というもの、多くの書籍や記事、講演で、従来の枠組みを超越した組織に関する考え方が紹介されてきた。そういう著者や草分けの一人一人は独自の視点を持っているものの、異口同音に強調しているポイントがある。「順応性を向上しよう」「構造の柔軟性を高めよう」「より幅広いステークホルダー（利害関係者）を視野に入れよう」「不確定要素に対応しよう」、その他、社員をやる気にさせる新手法や、もっと体系的なビジネス手法など。こうした視点のそれぞれから、現在の組織活動の片隅で形成されつつある、新しいパラダイムの全体像らしきものがちらほら見え隠れする。

こうした新しいパラダイムの概念や手法に秘められたパワーにもかかわらず、導入しようとすると決まってどでかい障害が行く手に立ちはだかる。いまだに従来型の構造を保っている組織のシステムに、新しい概念や手法が導入された場合、新旧のパラダイムが真っ正面からぶつかり合う。新しい手法は単なる添え物で終わるのが関の山、組織のほんの一角に影響を及ぼすだけで、周辺の他のシステムとは永遠に睨《にら》み合いが続く、という構図になる。

例えば、ミーティングに関する優れものの新手法が「チームの権限委譲」を促す。ところが肝心のチームメンバーは、ミーティングルームから一歩外に出れば、社内の隅々まで幅を利かせている権力構造にいまだに束縛されている。最悪の場合、「企業の抗体」なるものが登場して、添え物と化した手法を、侵入してきた異物として締め出しにかかる。「組織の構造と運営はこうあるべきだ！」という頭の中で出来上がっている捉え方（メンタルモデル）と、新しい手法がかけ離れているからだ。いずれにせよせっかくの試みも、どんなに有望なものであれ、最大限の効果を発揮することなく尻すぼみに終わり、組織のシステムにもたらされるパラダイムシフトも微々たるものだ。

最先端の概念や手法を従来のシステムに導入しようとする場合、これは避けられない大きな課題だ。導入しようとしている革新的な手法が、いまだに幅を利かせている古いパラダイムと衝突してしまう場合、どうしたら組織の仕組みについてのモノの見方を変えることができるだろう?

私は経験を重ねるたびに、常に次の結論に戻ってきた。組織を本当に変革するためには、ちょこちょこと変更を重ねるやり方よりも、もっと進んだ手段に出なければならないのだ。小手先の変革の代わりに、組織が機能する仕組みのなかで**最も根本的な部分をアップグレードする**ことに集中して取り組むのである。

例えば、「権力や権威はどんなふうに正式に規定され行使されているか」「組織はどのように構築されているか」、あるいは「誰が誰から何を期待できる」とか「誰がどんな範囲でどんな決定を下せる」といった決まり事などについて考えてみてほしい。

このような根本的なレベルの物事を変えるのは、いわば組織の新しいオペレーティングシステム（ＯＳ）をインストールすることだ。

その結果、組織が機能する仕組みの核心的な部分に新しい能力が開花する。そうなれば、システムを変更するプロセスに根本的に対立するシステムそれ自体を変更できるだけでなく、さらに大きな成果をもたらすことができるのだ。

もし読者がそれなりの年齢で、ほとんどのパソコンがＭＳ‐ＤＯＳで動作していた時代のことが記憶にあるならば、ウィンドウズのような新しいＯＳや、昔のＡｐｐｌｅⅡからＭＡＣへの移行がもたらした性能の飛躍的な向上について考えてみよう。

80年代当時、私のパソコンの黒い画面に浮かび上がる緑色のギザギザしたテキストに代わって、格段に使いやすいグラフィカル・ユーザー・インターフェイス（ＧＵＩ）が登場する日がまもなく訪れようとはゆめゆめ考えもしなかった。このＧＵＩは、インタラクティブで、自動的に更新され、しかも、世界規模の仮想ネットワークに常時接続し、世界中から集結された情報に即時アクセスできる――それだけじゃなく、これがすべてポケットサイズの小さな装置で操作できるのだ。

優れたＯＳはそんな格段の違いをもたらすものなのに、私たちはその事実をあっさり無視したり、下層にあるプラットフォームにすぎないとタカをくくっている。普通は目にしないものだが、ＯＳとは、その上に構築されるあらゆるものの形式を左右するのだ。あなたのコンピューターのＯＳは、他のすべてのものが発生する領域や、他のすべてのものが従わなければならない中核となるルールを決定する。

システム全体がどのように構築されるか、異なるプロセスがどのように作用し合い、協調し合うか、異なるアプリケーションの間でパワーをどのように分配し、割り当てるか、などといったことはみなＯＳが決めているのだ。

それと同じように、**組織を支えるオペレーティングシステム**も素通りされやすい存在だが、実はビジネスプロセス（組織の「アプリ」にあたるもの）を構築する基盤であり、企業文化だって育むのだ。

トップダウンで予測と管理方式の、「ＣＥＯに任せとけ」的な現代のＯＳに対抗しうる屈強な代替案や大幅な改善策をあまり見かけたことがないのは、おそらく、ＯＳが目に見えないためだろう。他に選択肢は無いだろうと、そういうＯＳを無意識に受け入れている場合、私たちにできることはせいぜい、ＯＳの根本的な弱点を補うために、新しいプロセスを追加したり、組織全体の文化を改善しようとすることぐらいだ。しかし、現在流通しているソフトウエアの多くがＭＳ‐ＤＯＳ上ではうまく動作しないのとちょうど同じように、新しいプロセスや手法や文化の改善を採り入れようとしても、古いパラダイムに沿って構築されたオペレーティングシステムの上ではやっぱりうまく働かないのである。

みんなが一緒に働くためのより良い方法を探し求めるという個人的な冒険の旅を続けていた私が最終的に到達したのは、旅の始まりには考えてもいなかったが、組織の仕組みの根本にある「ソーシャルテクノロジー」に焦点を絞ることだった。

長年幾つもの組織で実験を繰り返した結果、私だけではなく、他のたくさんの人たちの尽力のおかげで、総合的な新しいオペレーティングシステムが誕生した。最終的にはそれをホラクラシーと呼ぶことになった（名前の由来については、後ほどじっくり説明しよう）。

ホラクラシーとは何だろう？　要は、**組織を管理運営するための新しいソーシャルテクノロジー**であり、従来型の組織のルールとは全然違う、一連の中核的なルールに則っている。ホラクラシーには次のような要素がある。

・「ゲームのルール」を明示し、権限を再分配する憲法

・組織を構築し、人々の役割と権限の及ぶ範囲を規定する新しい方法
・それらの役割と権限をアップデートするためのユニークな意思決定プロセス
・チームを常に最新の情報に同期化《シンクロ》し、一緒に仕事をやり遂げるためのミーティング・プロセス

本書を書いている今の時点で、ホラクラシーは、タイプもサイズもさまざまな数百の組織の原動力となっている。ホラクラシー・ワンという、私が毎日働いている組織もその一つだ（「自社で開発した製品はまず自分で使え」、いわゆるドッグフーディングというやつだ）。

第1部の残りの章では、ホラクラシーがどのように権限を分配するか、それが新しい組織構造にどのように反映されるかについて順を追って説明しよう。

その後、第2部では、ホラクラシーというオペレーティングシステムがいったいどんな仕組みで動作するのか、その構造、プロセス、システムといった、基本的なポイントを一通り紹介しよう。これらの章は、ホラクラシーをあなたの会社に導入するためのハウツーガイドではない。むしろ、ホラクラシーというOSで起動する組織で働くというのはどんな感じか、さまざまなシナリオやシミュレーションに参加して、それを体験できる実験的なワークショップだと考えてもらいたい。

最後に第3部では、あなたがこの本で学んだことを実行する場合、どんなふうに取りかかったらよいか、また、どんなことを想定しておくべきかについて、アドバイスとガイドラインを示そう。

ホラクラシーを導入した組織で働く人たちが頻繁にレポートしてくれる体験談を紹介して、ホラクラシーとは実際のところどんな様子で、どんな使い勝手かをお伝えできるように引き続き努力しよう。実は、ここが本書を書く上で最大の難関なのだ。ホラクラシーとは、何よりもまず実践であり、理論でも、概念でも、哲学でもない。だから、実地を体験することなしに本当の意味で理解することは難しい。

ホラクラシーそれ自体、**「組織がその目的を実現できるよう、クリエイティブな能力を解き放とう」**という単純な目標の下に、試行錯誤や進化的適応、継続中の実験などさまざまな努力を通じて、実践から生まれたものなのだ。

ホラクラシーは、何かの概念や原理をもとに机上でシステムを設計することによりできたものではないので、言葉やコンセプトを使って伝えるのはますます難しい。最終的な成果を振り返ってみれば、確かに幾つかの原則を引き出したかもしれないが、それらは、実験で有機的に発生したものを理解するために後から作られたツールでしかない。

そこで、読者のみなさんには、この本をアイデアや経営原則や経営哲学の本ではなく、**新**

しい実務のガイドブックと捉えてもらいたい。そして、現在行っていることよりも、あなたとあなたのビジネスにうってつけだと思えたらぜひ使ってみてほしい。

組織が実現したい目的が何であれ、「ひずみ」を有意義な変化に変えて組織の目的実現に貢献する、そういう日々の仕事の中でこそ、ホラクラシーは本当に生き生きとしてくるのだから――。

本書における私の目標は、ホラクラシーを実践した経験をわずかなりともお伝えし、進化のパワーをモノにした組織にどんな可能性が開かれるか、読者のみなさんに体験していただくことなのだ。

2章　権力を分配しよう！

最も優れた独裁者も、そこそこ良い憲法には逆立ちしてもかなわない。
――トーマス・バビントン・マコーリー「ミルトン論」

「研究によると、街の大きさが2倍になるたび、住民一人当たりのイノベーションや生産性は15パーセント向上する。でも、企業が大きくなる場合、社員一人当たりのイノベーションや生産性は低下するのが普通なんだ」

この面白いデータを紹介してくれたのは、数年前のビジネスコンファレンスの時、プレゼンを終えたばかりの私に詰め寄ってきた、黒髪を短く刈り込んだ男性だった。スーツ姿の参加者が目立つ中、彼はジーンズにTシャツという出で立ちだったが、そんなカジュアルな外見とは裏腹に、情熱を内に秘めた雰囲気をたたえていた。

「だから」と彼は話を続けた。「官僚的な企業みたいな組織じゃなくて、もっと〝都市〟のような組織を作るにはどうしたらいいか、ってことに興味があるんだ」

この見知らぬ紳士はその後10分ほど、私に矢継ぎ早に質問した。「ホラクラシーにはそれができる?」　できるよ、と私は答えた。「今までにホラクラシーを導入した中で一番大きいのはどこの会社?　導入しているのは何社ぐらいある?」　私は彼の質問に答えるべく最善を尽くしたが、次のセッションに遅れそうだったので時計が気になっていた。

男性と別れ、廊下を早足で歩きながら、彼の名前も、どうしてこの話題にこれほど熱い関心を持っているのかも、聞き忘れていたことに気がついた。

その日の夕方になり、基調講演を聴こうと席に着いた私はびっくりした。

さっき話していたあの男性が舞台に上がって、大喝采を受けたからである。

私に質問を浴びせたのは、オンライン小売ザッポスの謙虚なＣＥＯ、『顧客が熱狂するネット靴店　ザッポス伝説』の著者で、現在のビジネス界で最も優れたビジョンを持ち、最も革新的な経営者の一人に数えられるトニー・シェイその人だったのだ。

トニーと私はその後コンファレンス開催中に話を続ける機会があり、トニーは自分が目指していることをもっと詳しく話してくれた。「ザッポスは成長している」と彼は言った。「社員が１５００人になった今、**起業家精神あふれる社風を失うことなく、官僚主義に足を取られることもなく、スケールアップすること**が大事なんだ。だから、ザッポスをもっと都市のように経営する方法を探しているんだよ」

「その通り！」と私は答えた。ひと筋縄ではいかないこの課題に、私と同じように興味を持つ人が見つかって嬉しかった。私たちは、企業の官僚的な組織と、都市の住人による自己組織化する組織の違いについて語り合った。都市という環境では、人々はテリトリーや責任を理解した上で、空間と資源を地域で共有している。もちろん、法律もあれば、統治機関もあって、法律を定めたり施行したりするが、人々の上にボスがいて四六時中命令を下しているわけじゃない。都市の住人が何かを決定するたびに、ボスの承認を待たなければならないとしたら、都市の活動はたちまちキキーッと音を立てて急停止してしまうだろう。けれども、企業においては全く異なる原則で組織が回っているのがわかる。

都市、あるいは人体のような組織

敏捷性が高く打てば響くような組織の基盤となる新しいオペレーティングシステムを創り出そうとして、私は重大な問題に直面していたが、それはまさにシェイのアナロジーが指摘していること、つまり「どうしたら、組織はうまい具合に勝手に回っていくようになるのだろう？」ということだ。

私が組織の中で創り上げようと目指しているものの例えとして、都市の他にもう一つ、我ながら気に入っているものがある。それは、私たちの誰にでも馴染みの深いシステム、人体だ。人体はかなり驚異に満ちていて、トップダウン式の指揮系統ではなく、分散型のシステム――身体全体に分散した、自律性の、自己組織化した器官のネットワーク――により、効率よくきちんと成果を上げながら機能する。細胞や、臓器や、臓器系といった、こういう器官のそれぞれは、メッセージを取り込んだり、処理したり、アウトプットしたりする能力がある。それぞれが機能を持ち、その機能を遂行するための仕組みを作る権限を持っている。

刻一刻とあなたの身体が処理している情報量を想像してほしい。それはもう、途方もない。情報処理のすべてをトップ、すなわち意識に一極集中させて、身体を機能させられる方法がいったいあるだろうか？　例えば、白血球が病気を感知した場合、あなたの意識に情報を送り、抗体を産生する許可が出るのを待たなければならないとしたら？　あるいは、あなたが危機に瀕していることを副腎が感知した場合、あなたの命令を待ってからでなければ、闘争か逃走に必要なエネルギーを与えるアドレナリンを分泌できないとしたら？

全く使い物にならない。そうだろう？　それなのに、私たちときたら、組織がそんなふうに機能するものだと思っているのだ。

現代の企業文化について先進的な考えを持つリーダーたちはみな、トップダウンの、予測と管理方式のパラダイムが抱える問題について、重々承知している。その限界も見えているし、それがもたらす不健全な結末も肌で感じている。

しかし、そういう高潔な善意あるリーダーは何をすべきなのだろう？　よくあるパターンは、良い親が子供にある程度の権限を認めるように、リーダーが権限委譲に努めることだ。今主流となっている考え方では、組織の改善とは、先進的で、賢明で、意識の高い、権力のあるリーダーに、「良い親」の役割を果たしてもらうことなのだ。

このアプローチの問題点がこの上なく鮮やかに示されたのは、数年前に見に行った芝居のなかだった。私が大好きなビジネス作家バリー・オシュリーが脚本を手掛けた、組織にまつわる素晴らしいドラマで、一つ非常に印象的なシーンがあった。人気抜群のリーダーが解雇された時、彼のチームメンバーの一人が、リーダーが会社を去ることを嘆いて仲間に向かってこう尋ねた。「これからはいったい誰が私たちに仕事を任せてくれるだろう？」と。

この発言に意図的に込められた風刺は、痛烈であると同時に啓発的でもあった。仕事を任せてもらうのに他の誰かの力が必要なのは、もちろん、根本的に権力を奪われた弱者の立場だからだ。それと同時に、リーダーの善意ある働きによる、不運な副作用も指摘していた。つまり、社員に権力を与えないような本質的な構造を持つ企業の中で、果敢にも「他人に権限を与えた」ことが仇《あだ》となり、部下たちを迷える子羊たちにしてしまったのだ。

今の最も優れたリーダーが、他の人たちに権限を委譲したい、発言権を与えたい、とどれほど望もうが、現代企業にほぼもれなく備わった正式の権力構造とは、独裁国家のものと同じなのである。我が社のクライアントの一人もこう言っていた。

「私ともう一人の創立者は最初から、うちの会社の経営を平等主義的に、みんなが一緒に参加していけるようにしたいと思っていたんだ。でも、会社の構造にしても、ビジネスプロセスの構成にしても、組織図に基づいてみんなが私に報告する仕組みになっていて、いまだに会社を『経営』しようとしていたわけだ。それ以外にやりようがなかったものだから。システムが機能するような、信頼できるプロセスがなかったんだ」

最終的にCEOやそれに類する人を頼みにするこういうやり方では、組織の隅々まで行き渡ったセンサーがひずみを感知しても、そのすべてを生かすキャパシティがない。それだけでなく、組織それ自体を効果的に統治するための能力においても、単一障害点〔訳注：コンピューターシステムで、ある一カ所で障害が発生するとシステム全体が停止してしまうような、致命的な箇所〕になりかねないものが創り出されてしまうのだ。

経営思想家ゲイリー・ハメルも言っている。「絶対君主のような権限を誰かに与えれば、いずれとんでもないごたごたが起きるだろう」　多くの場合「最強の権力を持つ管理職とは、最前線の現実から最も離れたところにいるものだ。ギリシア神話の神々が御座《おわ》すオリン

ピア山の頂上で下された決定は、大抵麓では使い物にならないのだ」（原注5）

このことをズバリ表している話を友人が教えてくれた。

ある工場で、新しいCEOを採用した。この新しいリーダーは、いいところを見せたくてうずうずしていて、ある日、工場の作業現場に足を運んだ。持ち場で忙しそうに働く作業員のグループの他に、壁に寄りかかって、ただ眺めているだけの男が目に入った。CEOはこの男につかつかと歩み寄り、「おい、お前はいくら稼いでる?」と聞いた。

男は「しゅ、週に2、300ドルです」と、あっけにとられた様子で答えた。

CEOはおもむろに財布を取り出し、男に600ドルを渡すとこう言った。「2週間分の給料をやる、お前はクビだ」 男は急ぎ足で工場を去っていき、CEOは他の作業員たちに向かって高らかに言い放った。「ああいう怠け者はこの工場には要らん。一生懸命働こう!」 CEOはオフィスに戻る途中で足を止め、呆然とする作業員の一人に、さっきの男はいったいどんな仕事をしてたのかと尋ねた。――「あれは宅配ピザの配達員です」

これは滑稽な例だが、独裁的な権力が場違いなところで行使されると、その結末はおかしいどころでは済まないことが多い。すっきり解決できないひずみを生じるのだ。

独裁的な管理モデルや、権力剥奪型システム内の権限委譲から離脱して、一歩先に進むためには、私たちは何をすべきだろう? 都市や身体の中で行っているように、組織内の協調や統制といった純然たるニーズも満たしつつ、本当の意味での自律性の恩恵を被るにはどうしたらいいだろう？　大胆にも慣習を捨て、明確な権力構造をきれいさっぱり取り除いてしまう会社もあれば、最小限に定められたものだけを使う会社もある。それはある程度はうまくいくが、知らぬ間に進行する危険をはらんでいる。

というのは、明確な権力構造が整えられていなければ、暗黙の権力構造が発生してしまうものだからだ。いずれにせよ決定は下されなければならないし、期待値は定められなければならないから、こういう機能を執り行う仕組みの周りに、社会規範が形成されることになる。明確な権力構造なしで済ませようとする組織では、結局、暗黙の権力構造が出来上がるのだ。そういう構造の多くは、政治的な色合いが濃く、変革に抵抗する傾向が強い。

このような、意識されないレベルに存在する構造は、状況によっては従来の経営階層よりはずっと効果的かもしれないが、それよりもっとうまくやれる方法がある。

創業したての小さな企業や、非営利企業の中には、コンセンサスを用いて組織を運営しようとするものがある。私も昔、自分で起こしたソフトウエア会社でこれをやってみた。社員全員の声をくみ上げるようなアプローチを探していたので、意思決定プロセスにおいてみんなに発言権を与えるのは、理にかなっているように見えた。

しかし現実には、たくさんの事項を決定することからはほど遠く、仕事をこなすよりも、ミーティングにばかり時間を取られる始末だった。そこでわかったのは、発言権を持つことと、**発言を実行に移せる**ことの間には、大きな違いがある、ということだ。有意義な変化がもたらされるように、感知したことを実際に処理できることが肝心なのだ。

コンセンサスにはそれができなかった。実際のところ、ミーティングはみんなのモノの見方が同じになるように無理強いする場となり、コンセンサスは延々と続くミーティングの苦痛をもたらしただけだった。それでは役にも立たなければ、不健全でもあり、しかも組織の成長とともにますます悪化するだけである。

だから、コンセンサスは規模の拡大には全くそぐわないし、決定に至るために必要とされる時間とエネルギーの量がハンパじゃないので、この仕組みは大抵すっ飛ばされてしまう。このため、コンセンサスに基づく組織は、明確な構造を持たない組織と同じ問題に陥る。意見の一致に至る場合でも、なかなか変更のきかない妥協の産物であることが多く、自称イノベーターは理想とはほど遠い、カチカチに凝り固まった構造を使って組織を舵取りするハメになるのだ。

コンセンサスに基づくアプローチは、より多くの人たちの意見を尊重し、活用したいという一心で採り入れられることが多いのだが、本物の自己組織化と敏捷性を企業全体にもたらすことにおいては、効果を発揮することはめったにない。

ダイナミックで打てば響くような組織になりたいと望むなら、独裁的な権力を完全に放棄するだけではうまくいかない。それだけでなく、**個人個人が**、自分の領域や仕事の範囲内で、**問題に「局所的に」対処する権力**を与えられる必要があるのだ。その際、他のみんなにお伺いを立てたり、権限を授けてくれるようリーダーに許可をとったりしなくてもよいことが大切だ。権限委譲の限界とコンセンサスの横暴を乗り越えるためには、**みんなに権限を与えるシステム**が必要なのだ。

こうしてシェイの言う都市のメタファーに話が戻ってくるわけだが、実は、近代市民社会そのものも同じなのだ。

市民であるあなたは、自主的に活動するために、善意ある独裁者に「権限を与えてもらう」必要はない。そもそも、あなたを取り巻く社会の枠組み自体が、他人があなたに権力を振りかざさない仕組みになっている。これがホラクラシーの核心にある逆転の発想だ。

みんながそれぞれ権力を持ち行使できるような空間が根本的に確保されていて、誰にも――リーダーでさえも――他人の権力を横取りできない、そういう権力構造とプロセスを中核にする組織なら、権限を与えてくれるリーダーに頼る必要はもはやない。そこに気づくことが、ホラクラシーへの第一歩だ。そういうリーダーに代わって、はるかにパワフルなものが手に入る。

それは、私たち全員に与えられる**自分の権限を行使できる空間**と、ポジションに関わらず、どんな個人が行う活動でも、その**空間が保護されるシステム**である。

権力を人ではなくプロセスに持たせる

ホラクラシーにおける権限の分配とは、リーダーの手から権限を取り上げて、ただ他の誰かまたはグループに譲り渡すということではない。むしろ、権力の座はトップの人物から**プロセス**へと委譲されるのだ。この「プロセス」は成文憲法で詳しく規定されている。ホラクラシーの憲法は汎用性が高い文書なので、この手法を使おうとするどんな組織にも適用でき、ひとたび正式に採択されると、組織の中核的なルールブックの機能を果たす。

そのルールとプロセスが最高の拠り所であり、それを採択した人物にさえ勝る。憲法に立脚した議会が定める法律は、大統領といえども無視できないのと同じで、ホラクラシー憲法も、独裁者ではなく、合法的なプロセスに組織の権力の座を置くことを定めるのである。

ホラクラシー憲法はオンライン（holacracy.org/constitution）で公開されているが、それを読まなければホラクラシーを学べないというわけじゃない。ルールブックを読むことが複雑な新しいゲームを習うための最善の道であることはめったにないのだ。普通は、かいつまんでポイントを押さえてからとりあえずプレイを始めてみて、必要な時にルールブックを参照するほうがうまくいく。ただし、プレーヤー全員がルールブックがあることを知っていて、それに従うことに同意していることが重要だ。プレイの途中で誰かが好き勝手にルールを作れるなら、ゲームが成り立たないからだ。

ホラクラシーの導入を決めた組織が実行する最初のステップは、ＣＥＯが正式にホラクラシー憲法を採択し、自分の権力をホラクラシーのルールシステムに委譲することである。いさぎよく権力を放棄してホラクラシーのシステムに委ねることにより、リーダーは、組織のあらゆるレベルの隅々まで、間違いなく権力を分配する道を切り開くのである。

このように、個人的なリーダーシップから、憲法に従った権力の委譲へと移行することは、ホラクラシーの新しいパラダイムに絶対不可欠だ。善意あふれる偉大なリーダーをもってしても、トップダウンの権力システムでは、必ずと言ってよいほど上司と部下との間に親子のような力関係が生じてしまう。その結果、権限を剥奪された被害者意識の強い部下と、責任を一身に背負いみんなが感知したひずみへの対応も任されて、もういっぱいいっぱいの管理職、そういうよくあるパターンはほとんど避けられない。

ホラクラシーは管理職にこう伝える。「**あなたの仕事はもう、みんなの問題を解決することでも、すべての責任を担うことでもありません**」と。

また、部下にはこう伝える。**「あなたには、自分の感知したひずみに対処する責任と、それを行う権限もあります」**と。

たったこれだけの方向転換で、私たちの組織文化に根強くはびこる親子のような関係から関係者全員が救い出され、自律した、自己管理できる大人同士の機能的な関係へと導かれる。この新しい関係においては、それぞれが組織の目的にかなった役割を担い、自分の役割を遂行するための「リーダー」となる権限を持っている。

私のクライアント企業の中でこうした方向転換が起こる時、関係者全員にとって、それは天からの啓示でもあり、新たな挑戦でもある。部下たちは、自分たちがもう命令に従うだけの従業員ではないことを悟る。彼らには本物の権限があるだけでなく、それに伴う責任も負う。自分の問題を解決してくれる保護者のような管理職はもういない。

管理職のほうは、管理の重責からの解放感を味わうと同時に、自分自身の価値と役割について意識改革を迫られ、権限を保持し行使する習慣を変えなければならない。

私の仕事の面白いところは、ホラクラシーを導入したばかりのCEOに「その決定をする権限はあなたにはもうありません」と釘をさすことだ。

その一方で、他の人たちにはこう念押ししなければならない。「あなたにはその決定をする責務と権限があります。何をするべきか決めるのも、あなたの決定に許しを与えるのも、ボスの仕事ではなく、あなた自身の仕事なのです」

興味深いことに、私が仕事をしたＣＥＯのほとんどは、こうやって方向転換するとものすごい安堵《あんど》感を覚える。これを意外に思う人もいるかもしれない。

パリ在住のホラクラシー・コンサルタントで、ＣＥＯの経験もあるベルナール＝マリ・シケによると、権力を放棄するようＣＥＯを説得するのはさぞかし難しいだろうとよく言われるが、彼の経験では全くそんなことはない。現状よりうまく組織のニーズが満たされるような、安全に権限を委譲できる方法があるなら、ベテランＣＥＯの多くは彼ら個人の手にある権力を喜んで手放し、組織的なプロセスに委ねるという。

私もその通りだと思う。ツイッター社の共同創設者で、最近ではミディアム社を立ち上げたエヴァン・ウィリアムズが、一緒に食事をした際にこう言っていた。

ツイッター社を離れた後、別の会社を立ち上げようと検討していた時、従来のＣＥＯの役割をまた担わなくてはならないのかと思うと空恐ろしい気がしたそうだ。あらゆる重責がのしかかり、一番楽しいクリエイティブな仕事が後回しになってしまうからだ。

エヴァンがミディアム社にホラクラシーを導入した理由の一つは、彼一人の肩に重責が集中しないようにするためだった。私が説得するまでもなく、ホラクラシーを採用すると権限が分配されるという点をエヴァンは高く買っていたのだ。

ザッポスのシェイがホラクラシーに魅力を感じたのもこの点だ。ホラクラシーは、安全で実用的な方法を用いて、憲法で規定されたガバナンス・プロセスを通じて本物の権力を分配し、その結果、自分で回る組織が実現することを約束する。あのコンファレンスの後、シェイは私をオフィスに招いてチームに紹介し、ザッポス内の小さな部署にホラクラシーを試験的に導入することを決めた。

試験導入の成功を受けて、2013年に全社的にホラクラシーが導入された。私は興奮でゾクゾクした。と同時にちょっぴり不安もあった。なにしろ、それまでとは比べ物にならない規模の導入事例だったのだ。

社員1500人規模の会社で、ホラクラシーはどのように作用するだろう？　シェイが求める、都市のような協調的な環境が、自分で回る組織が生まれるだろうか？

もっと小さな組織では、まさにそれを実現する力がホラクラシーにあることを私は知っていた。だから、この大舞台でどういう展開になるか、ワクワクしていたのである。

導入から翌年にかけてザッポスのチームが経験したことは、彼らに先立ってホラクラシーを導入したたくさんのより小さな企業と同じで、ホラクラシーは正真正銘、社員全員に権力を委譲できるということだった。

「管理職が持っていた権力は、今では社員一人一人にくまなく分配されています」と、導入の陣頭指揮を執ったチームの一員、アレクシス・ゴンザレス＝ブラックは言う。

「今では、誰もがみんな、自分の仕事を通じて感知したことを生かして、会社の推進力となる責任を担っています」　ただし、ホラクラシーに転向するのは簡単ではなかった。

「**管理職には一歩下がっているように、他の人たちには一歩前に出るように習慣づける**、そこが本当に難しいところです」とゴンザレス＝ブラックは指摘する。

「ホラクラシーが導入されると、個々の社員は自分が感知したひずみを解決する権限が与えられ、それを大っぴらにのびのびと処理することができる。でもこれは誰もが自然に持っているスキルじゃない。ホラクラシーを実践するにつれて上達するものなので、そういう筋力を鍛えるような筋トレが必要なんです」

　みんなが自分の新しい権限に慣れてきた頃、ゴンザレス＝ブラックが気づいたのは、「もしこれが自分の会社だったら、自分はどう行動するだろう?」と誰もが自然と自問する、起業家精神が育まれていることだった。（原注６）

　このように権力を分配することによって、ホラクラシーは組織内の人々を解放し、自律性と協調性を同時に高める。ホラクラシーを導入した組織は**「ボスレス」**だ。クライアントの一人が最近言っていた言葉を借りれば、「民主的に聞こえるが、実はかなり独裁的なカオスである」　管理職はもういない。権限が明確に分配されていれば、懸案事項をめぐってこそこそ根回ししたり、自分たちと同じモノの見方を他人に押し付けたりする必要はない。

こうして自由を得た人たちは、考慮に入れるべき事柄を十分検討することを条件に、合法的なプロセスにより意思決定を行う権限が認められているので、自信を持って行動できる。それだけでなく、明確な自律性を持つ人とは、助けや情報や話し合いを自由に求めることができるし、他の人たちも自由にそれに応じ、自分の意見を投げ返すことができる。

しかもこのプロセスは、コンセンサスを得るためにこう着状態に陥ったり、事案からはるかかなたにいるリーダーの独裁的な命令にすり替わったりする危険は全くない。権限を持つ人が、十分な判断材料を得てブレない決断を下せるようになった時点で、その人物は気楽に対話を打ち切って、協力してくれたみなさんにお礼を言い、決定を下すことができる。こうしたプロセス全体が、組織の中に、より優れた柔軟性と反応性と適応力を築き上げるのだ。

また、それまでの管理職のクリエイティブなエネルギーも驚くほどパワフルに解放される。先ほどの例えに戻ろう。もし、人体が権限分散型のシステム、つまり、さまざまな細胞や臓器や臓器系が、明確な自律性と権限と責任とを持つシステムでなかったら、意識は途轍もなく大きな管理責任を負うことになるだろう。しかし実際は、私たちの意識は、身体機能に関わる刻一刻と下される決定にエネルギーを使う必要がないので、その分、クリエイティブな素晴らしい試みの数々に取り組むことができ、人類の文化が形成されているのだ。

組織でも同じだと思う。組織のあらゆる部分が、局所的に本物の責任を持ち、自律して物事に対応し成果を上げるなら、それまでの「ボスたち」を解放して、全く違う次元の問題に集中させることができる。それは、「世界におけるこの組織の目的を実現するにはどうしたらよいか？」という、より大きくクリエイティブな問題だ。

優秀な人が集まっても成果が出ないわけ

ホラクラシーでは、組織内で権限を割り当てるプロセスに**「ガバナンス」**という用語を使っている。ホラクラシーを使わずに経営している組織の大部分では、上層部が実行したり、規約により定められたりした、何らかの明確なガバナンスがあるかもしれないが、それ以外には、意識的に注意を払って明確な権限と責任が定められることはほとんどない。

また、たとえ注意が払われている場合でも、大規模な組織再編という状況であることが多く、解決するのと同じくらい多くの問題を生み、結局仕事をやり遂げるための本当のニーズからかけ離れたものになってしまうのだ。

ホラクラシーの場合、ガバナンスは意識して定期的に行われ、組織の隅々まで分散されている。ガバナンスはもはや、ただ一人のリーダーの機能ではなく、ガバナンス専門の「ガバナンス・ミーティング」において、**チームごとのレベルで常時行われるプロセス**である。
ホラクラシーは、従来CEOや経営陣のものとされていた**組織を設計する機能**の一部を、全員が参加できる**プロセス**として配置し、組織の隅々にまで行き渡らせる。このガバナンス・プロセスによって、組織全体に権限が分配されるだけでなく、期待されるものも明確になる。しかも、このプロセスの推進力となるのは、仕事をこなし、その過程でひずみを感知する人たちなのだ。

ガバナンスでは、感知されたひずみを生かして、「誰がどの決定をどんな範囲内で行うのだろう?」などの疑問に答えるだけでなく、その権限を行使する人が、他の人たちから期待されるものも明確になる。ガバナンスによって明快になった組織は、チームがひずみから得た最新の学びを統合し、変化する現実に適応しながら、絶えず進化していく。

ガバナンスを理解するには、組織の活動のもう一つの領域――ガバナンスより普通は馴染みが深い**「オペレーション」**――と対にして捉えると、ぐっとわかりやすくなる。

オペレーションとは仕事の遂行に関わることだ。達成すべき成果を見極め、具体的な決定を行い、経営資源《リソース》を割り当て、アクションを起こし、他の人たちのアクションと連携させることである。

ホラクラシーの仕組み

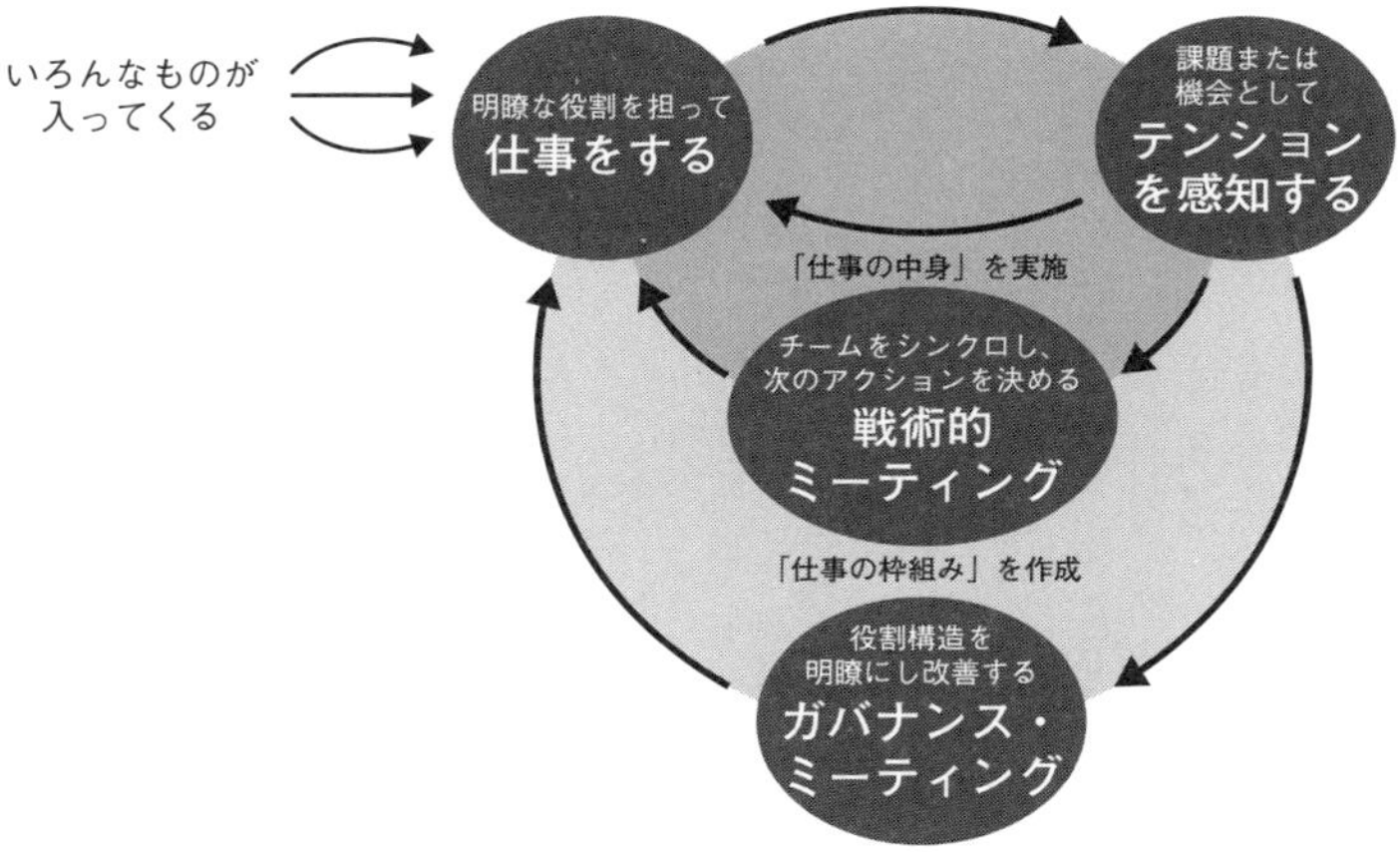

私たちが仕事をする**仕組み**、組織を形成する**「型」**を扱うのがガバナンスであるのに対し、その型の内部で**具体的な決定**を行うのがオペレーションなのだ。ガバナンスとは、概念的な枠組みでビジネスを捉える方法であり、組織の仕事の構造と、それに付随する権限と期待に関することである。ガバナンスもオペレーションも、その時々の戦略が反映されることがある。戦略とは、組織の目的実現を目指して大航海に出たチームが適用すべき、指針となるテーマや経験則のことだ。

　この二つの活動領域の違いがよく表れた、うちの会社の簡単な例を挙げよう。

　当社が提供するサービスの一つに、ホラクラシーの公開トレーニングがある。そのためには会場となるホテルを選ばなければならない。候補に挙げられるものにはそれぞれ、メリットとデメリットがある。こういう選択は、オペレーション上の問題と意思決定の例である。

その一方、ガバナンスの問題とは「その決定を行う権限を持つのはどの役割だろう」「その決定にはどんな制約があるだろう」「この権限を持つ条件としてその役割に期待すべきものは何だろう」といったものだ。その役割を担うのが誰であれ、ガバナンスで認められた権限を行使し、「今回の公開トレーニングに使用するホテルはどれにすべきか」という特定のオペレーション上の決定を行う。またこの人物は、より広い視野に立った戦略を指針として取り入れ、決定に役立てることもある。このトピックについては後ほど取り上げよう。

組織で働く人のほぼ誰もが、オペレーションに携わり意思決定を行ったことがあり、決定の指針となる何らかの戦略を適用したこともおそらくあるはずだ。しかし、ガバナンスに携わるとなるとかなり勝手が違う。それというのも、大抵の組織には、明確なガバナンスのプロセスも、そのようなプロセスから生まれる明瞭さもほとんど存在しないからだ。

ガバナンスが存在するという場合でも、的外れでスルーされていることが多く（例えば、典型的な「職務記述書」がそう）、ガバナンスをダイナミックに更新するような、明瞭なプロセスもない。逆に、組織が常に最適な状態に維持されるような明瞭なガバナンスは、非常にパワフルで、次のような質問の答えを出す。

・注意を払うべき、進行中の活動にはどんなものがあり、それぞれの担当は誰だろう？
・私が他の人に対して抱く、または他の人が私に対して抱く、妥当な期待とは何だろう？
・誰がどんな決定をどんな範囲で行うのだろう？
・ミーティングを招集せずに、私はどんな決定を行い、どんな行動を取ることができるだろう？
・みんなで一緒に働く上で、どんな指針や制約に従うだろう？
・みんなで一緒に働くためのより良い方法を学ぶにつれ、以上のような質問の答えを変更するにはどうしたらよいだろう？

人々が集まって、何らかの課題や任務を成し遂げようとする場合、どんなグループにもこういう質問が生じてくる。質問について話し合わない場合でも、想定された答えがあるものだ。何かのゲームをしている子供たちのグループを観察してみればわかる。暗黙のガバナンスにより、ルールと役割と、プレイの範囲を決めるパラメーターが設定される。暗黙のガバナンスがきちんと機能する状況も多いが、そのうち何らかの理由で機能しなくなる。

暗黙の了解が衝突したからかもしれないし、あるいは、伝統的な経営の規範を、新たに学んだことを統合できるような仕組みに発展させたいと望む人が出てきたからかもしれない。暗黙の規範や想定を調整したり、発展させたりする必要が生じた時こそ、明確なガバナンス・プロセスによって変革を起こすことができるのだ。

ところが、現在の組織のほとんどは、少なくとも取締役会レベルの他にはそんな明確なプロセスがない。それどころか、組織の規約（もしくはそれに相当するもの）のほとんどは、上層部のリーダーの誰かに——CEOなり、取締役なり、その他肩書きは何であれ——オペレーションを統治する権限を正式に授けているのである。

そこで、このCEOが会社全体の権限と期待を設定することもあれば、権限を持つ他の誰かに代理としてやってもらうわけだが、どちらにせよ残念なことに大抵は明瞭さに欠けるし、せっかくの学びのチャンスを片っ端からモノにしていくような敏捷性もめったにない。日々ますます急速に変化していく世界において、ガバナンスは、組織を運営する仕組みの中で常時向上させていくことが必要だ。またガバナンスの問題は、経営会議の中だけでなく現場においても通用するものでなければならない。さらに言うと、最前線で働く人たちは、それぞれの環境で継続的な改善を推進することにも、その成果を日々監視することにも、より適した立場であることが多い。

先ほどの例に戻れば、工場の現場責任者ならピザ屋を「解雇」するようなことにはならなかっただろう。しかし、各チームに明確なガバナンス・プロセスがないと、組織の型を改善する機会の大部分は、一カ所に集中したままになるだろう。つまり、トップにいる人物、独裁的に組織の構造を決定する権力を持つリーダーの下に留まってしまうのだ。

最前線にいる人たちに権力をきちんと分配すると、**入ってくる情報から学ぶ機会をモノにする能力**が組織の中で飛躍的に向上する――会社の成長とともに多くのリーダーを悩ませている問題はこうして解決されるのだ。エヴァン・ウィリアムズは次のように言っている。

「昔、ものすごく優秀な人たちを雇っていたんだけど、会社が大きくなるにつれて、そういう人たちの能力がだんだん発揮されなくなっていく感じがした。その理由の一つは、それぞれの担当分野における社外の環境を反映したアイデアや関心やモノの見方を、彼らがせっかく持っていたのに、その使い道が明確でなかったからなんだ」（原注７）

こんなふうに、社員の能力を持て余してしまうと、現状を改善するための健全で有用な手段がないために、社員は疎外された危うい立場に陥ってしまうことが非常に多い。ウィリアムズが言うように、ホラクラシーならば「**本当の意味で全員のモノの見方とアイデアを生かすことができる**。たとえすべてを受け入れられないとしても、自分の意見を処理するルートがあり、しかも透明性が高いので、少なくとも社員の不安を和らげることができる」

従来の組織で出世階段の登り口の方にいた人たちが、ホラクラシーのおかげで自分の意見を聞いてもらえないという不満が軽減されたと感じる一方、頂上付近にいる人たちも、大抵は同じくらい不満を抱えているので、肩の荷が下りてものすごくほっとする。

リーダーたちの下には、きちんと処理しきれない量の課題や情報が入ってきて、彼らは圧倒されるほど複雑で過剰な負担を抱えているからだ。GTDシステムの考案者デビッド・アレンは、個人の整理術と生産性向上における世界的な権威だが、その彼でさえも、従来型のCEOとして自分に求められた期待は手に負えなかったと認めている。

「トップに立つ人間として」と彼は私に話してくれた。「私のところまで浮上してくる決定のほんの一部を行う余地さえほとんどなかった。だから、私不在で決定されたり、私自身が行った決定でも責任を持ってできなかったのだ」(原注8)

ホラクラシーを導入して、組織を進化させる仕事を会社全体に分散すると、トップにかかる過剰な負担と、トップ以外の随所にある「能力の持て余し」が軽減されると同時に、学び適応する新しい能力が組織の隅々に至るまで引き出される。

デビッドはさらに、自社にホラクラシーを採用した結果について次のように述べた。

「ものすごくほっとしたよ。ホラクラシーのパラダイムシフトは、私にずっしりのしかかっていた重荷を心理的にも、物理的にも取り除いてくれたからね」

起業家のバイブル『はじめの一歩を踏み出そう――成功する人たちの仕事術』の著者マイ

ケル・ガーバーは、起業家が犯しがちな最大の誤りの一つとは、**ビジネスの中身**にのめり込み、**会社の枠組み**に手を入れないことだ、と指摘している。（原注９）

会社の枠組みに手を入れるのはガバナンスの本質であり、ホラクラシー憲法によって、ガバナンスのプロセスは組織のどのレベルでも、当事者の誰にとっても、明確に定められている。このような**ガバナンス・プロセスの成果を使って**、優れた自律性とスピードでビジネスの中身を行うこと、つまり**オペレーションが実施される**のだ。

自分の権限は何か、自分に期待されるものは何か、守るべき制限は何か、といった事柄を正確に把握すると同時に、学んだり環境が変化したりするにつれて、そういう知識を更新するプロセスがあるならば、テキパキと自律的に仕事を遂行し成果を上げることは、はるかに簡単で安全になるのだ。

リーダーの夢が組織をダメにする⁉

私は組織の「目的」という言葉を繰り返し使ってきた。今時のビジネス書では珍しいことではないが、私にとって「目的」という言葉が意味すること、しないことについて、ちょっと説明しておいたほうがいいだろう。

創業者やパートナー、取締役などのグループと私が仕事をしている時、それも特に、社員をとても大切に考えている組織の場合だが、私は一人一人にこういう質問をすることがある。「あなたがこの組織に抱いている、心からの希望、夢、野心、欲望は何ですか?」

それは決まってものすごい手応えを感じる瞬間だ。世界の中で組織がするべきことや組織のあるべき姿について、その場にいる人たちが最も望んでいることを分かち合う、真心とインスピレーションに満ちあふれたひとときなのである。そしてその後私はこう申し上げる。それは、「この組織の目的を明らかにするにあたっての最大の障害は何かをお教えしましょう。それは、あなたが今おっしゃったことすべて、あなたの希望、欲望、その他諸々です」

こう言うと大抵の人は面食らうが、真意がわかれば目からウロコが落ちる思いがするものだ。もちろん、彼らの希望や夢や野心や欲望には、何ら問題などないのだが、こうしたものが組織に投影され、〝**組織の**〟目的を不明瞭にしてしまうことが多いのだ。

この章で先ほど使ったメタファーに戻ると、彼らはまるで尊大な親が子供を扱うようなやり方で組織を扱う危険を冒している。私が仕事で知る人たちのほとんどは、親として、自分自身の希望や夢を子供に託してしまうと子供は人生における自分の道を見つけられなくなってしまう、ということを理解している。社会的にも、子供は親の意向通りになる所有物ではないこと、独自のスキルと才能と情熱を持つ独立した存在であることが受け入れられるようになってきた。この現実に逆らって、親のビジョンを子供に押し付けようとすると、双方にとってマイナスの結果になることが多く、親子関係が壊れることは間違いない。

創業者やリーダーその他の受託者と組織との関係についても同じことが言えるのだ。どの組織にもポテンシャルやクリエイティブな能力がある。それは、歴史、社員、経営資源《リソース》、創業者、ブランド、資本、関係先などなど、組織が利用できるあらゆるものを使い、組織に一番ふさわしく、世界の中で持続可能に表現できる能力である。

それが私が「目的」という言葉に込めたもの、いわゆる存在理由《レゾンデートル》だ。これは必ずしも、創業者やリーダーが組織に望む目的でなくてよいのだが、普通は創業者によって種がまかれている。形成期にある会社には、「組織が利用できるあらゆるもの」とは創業者の情熱ぐらいしかないので、少なくともしばらくは、それが目的を形作るだろう。親が自分自身の夢から子供を解放する時、子供が持って生まれた本当の才能が開花するゆとりが生まれる。何かを創造したいという衝動は、待ち構えていたその瞬間に一人一人の子供を通じて表れるのだ。

それと同じように、**「自分の会社に○○をしてもらいたい」という考えを捨てる**と、組織自体が持つ創造の衝動が見えてくる。それは、組織が利用できるあらゆるものを使い、世界で持続的に表現できる、組織の核心に存在するポテンシャルやクリエイティブな能力だ。

言い換えると、「この組織は世界の中で何を目指しているのか？」「世界はこの組織に何を求めているのか?」ということだ。

ただし、すべての組織の目的が、美しく、クリエイティブで、先見の明があると言っているわけではない。ごくありふれた言葉を使いながらも、組織の目的をぴたりと言い表している表現もある。例えば、ゴミ処理会社の目的は、単純に「よりきれいな街にすること」かもしれない。これは、華やかではないかもしれないが、会社のビジネスの背後に存在する「なぜ」を捉えているし、この会社が世界にもたらすことができる、最も適したポテンシャルが表現されている。我が社ホラクラシー・ワンでは、うちの組織の目的をぴたりと捉えた「極上の組織」の2語で表している。

この表現に至るまでは、発見のプロセスだった。この目的をみんなで決めたのではなく、発見したのである。というのも、組織の目的を明確にすることは、どちらかというと探偵じみた仕事であって、クリエイティブな仕事ではないからだ。

探しているものは既に存在していて、見つかるのを待っている。子供の人生の目的と同じで、組織の目的とは決定される類のものではないのだ。ただこう自問すればいい。

「我が社が現在置かれている状況や、手元にあるリソースと人材とキャパシティ、提供する製品やサービス、会社の歴史、市場空間(訳注:マーケティングの新しい概念で、通信技術の進歩により従来の物理的な市場が統合されたもの)などの要素に基づいて、世界のために何かを創り出したり表明したりできるような、我が社が持つ核心的なポテンシャルは何だろう？なぜ世界はそれを必要としているのだろう？」

あなたの組織の目的を的確に捉えた簡潔な表現が今すぐ思い浮かばなくても心配することはない。ホラクラシーでは万事がそうだが、目的を明らかにすることも、ダイナミックで継続的なプロセスなのだ。また、組織の目的は、実践で適用できることのほうが、優美な言い回しよりもはるかに重要なことである。目的とは、額に入れて壁に飾りインスピレーションの源にするものではなく、ビジネスに勤しみながら日々使用するツールなのだ。

権限分配型のモデルに移行するにつれて、**目的はあらゆるレベル、あらゆる活動分野において意思決定の拠り所**となる。ガバナンスとは、組織の目的を最もうまく実現するために組織と組織内の役割を構築する仕組みであり、オペレーションとはその構造を使い、世界で目的を実現することである。

ホラクラシーの真の狙いは、組織がその目的をよりよく表現できるようにすることにある。この点を含め、多くの点においてホラクラシーは、「人民の、人民による、人民のための」ガバナンスではなく、「組織の、人々を通じた、目的のための」ガバナンスなのだ。

3章　ホラクラシーの組織構造

自分でやってみるまで気づかないことだが、
すべてのものは曖昧であり、明瞭にする余地がある。
――バートランド・ラッセル『論理的原子論の哲学』

権限を分配し、進化する能力を組み込むやり方で会社を回したいと望むなら、そのプロセスがスムーズに流れるような組織を構築しなければならない。

伝統的なピラミッド型の経営組織は構造として一つの選択肢ではあるが、権限分配型の進化するデザインを取り入れるには理想からほど遠いと思われる。ホラクラシーは組織を構築する方法として別の選択肢を用意している。しかし、組織図の見直しに取りかかる前に、組織における「構造」とは何かをちょっと考えてみよう。

組織論で知られるエリオット・ジャックスが使ったシンプルな分類は、とても参考になる

会社の表向きの構造
こうなっている「はず」

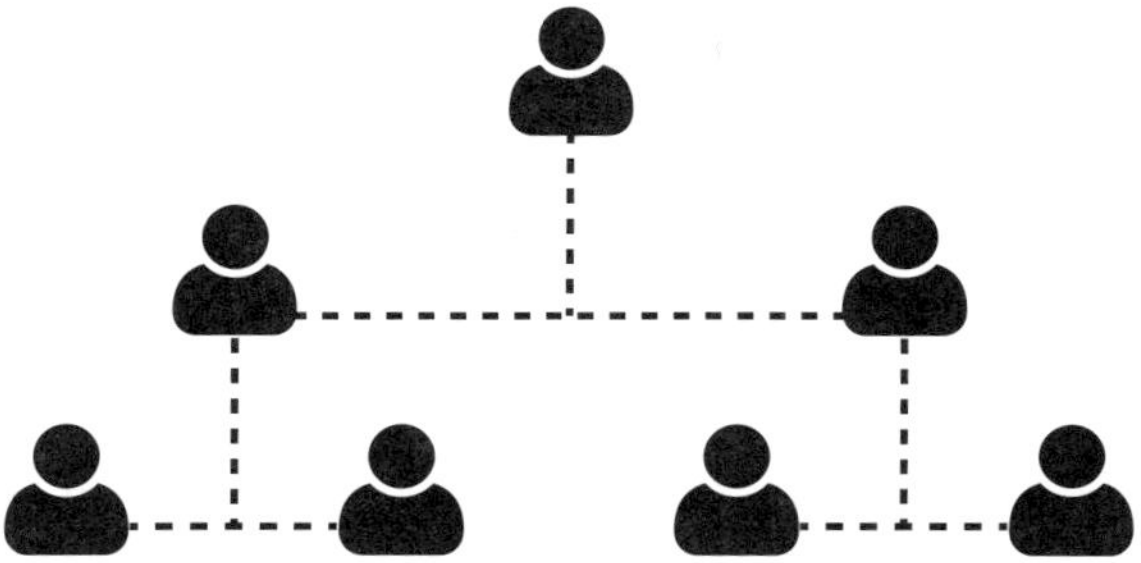

し、わかりやすい。彼は「構造」をどんな組織にも当てはまる3種類に分類した。一つ目は「表向きの構造」、つまり組織図や職務記述書に書かれたものだ。

読者にも見覚えがあるはずのものだが、さて、実際どれくらいの頻度で使っているだろう？　自分が目下取り組まなければならない仕事は何か、他の人がやってくれると期待できるものは何かを確認するために、職場で普通一日に何回ぐらい、職務記述書に目をやるだろう？　私がこの質問をすると、ほとんどの人は笑う。組織の職務記述書の在りかさえ知らないと告白する人もたくさんいるくらいだ。

大抵の組織においては、表向きの構造は現実の日々の出来事やニーズからかけ離れているため、職務記述書も形骸化した官僚制の遺物にすぎない。多くの場合、印刷されてプリンターから出てくる頃には、時代遅れで、ピントが外れたものになっている。

組織の表向きの構造が、実用的な指針としてほとんど役に立たない場合、人間というのはクリエイティブな生き物だから、仕事をこなすためになんとか工夫を凝らす。そこで、ジャックスが言う「事実上の構造」が生じるのだ。これは現実に誰がどんな決定をし、誰がどのプロジェクトを担当しているかといった、実際に機能している構造で、暗黙の了解であることが多い。組織の事実上の構造は普通、個人的な関係や社内政治から芽生える。

そうやって一緒に仕事をしていくうちに文化規範が発達し、やがてみんながそれを拠り所にして行動するようになる。こうして暗黙の構造が形成され、「仕事はこうやるものだ」となんとなく理解されるようになる。ジャックスはさらに、三つ目の構造が潜んでいることを指摘する。それは「必要な構造」と呼ばれ、組織の仕事と目的にとって最も自然で最もふさわしいと思われるもの、「こうありたい」と思う構造だ。

先ほど、ひずみを感知し処理するという話の中で、ひずみを「現状と、より良い状態との間のギャップ」と定義したが、言い換えると、ひずみとは**「何らかの点で理想に近づけると感知されたポテンシャル」**のことである。ジャックスの用語を使うと、私たちは「事実上の構造（現状）」と「必要な構造（より良い状態）」との間のギャップを感知する。

ひずみがホラクラシーのガバナンス・ミーティングにかけられて処理され、有意義な変化がもたらされるたびに、「表向きの構造」は「必要な構造」に限りなく近づくように、どん

会社の事実上の構造
実はこんな感じ

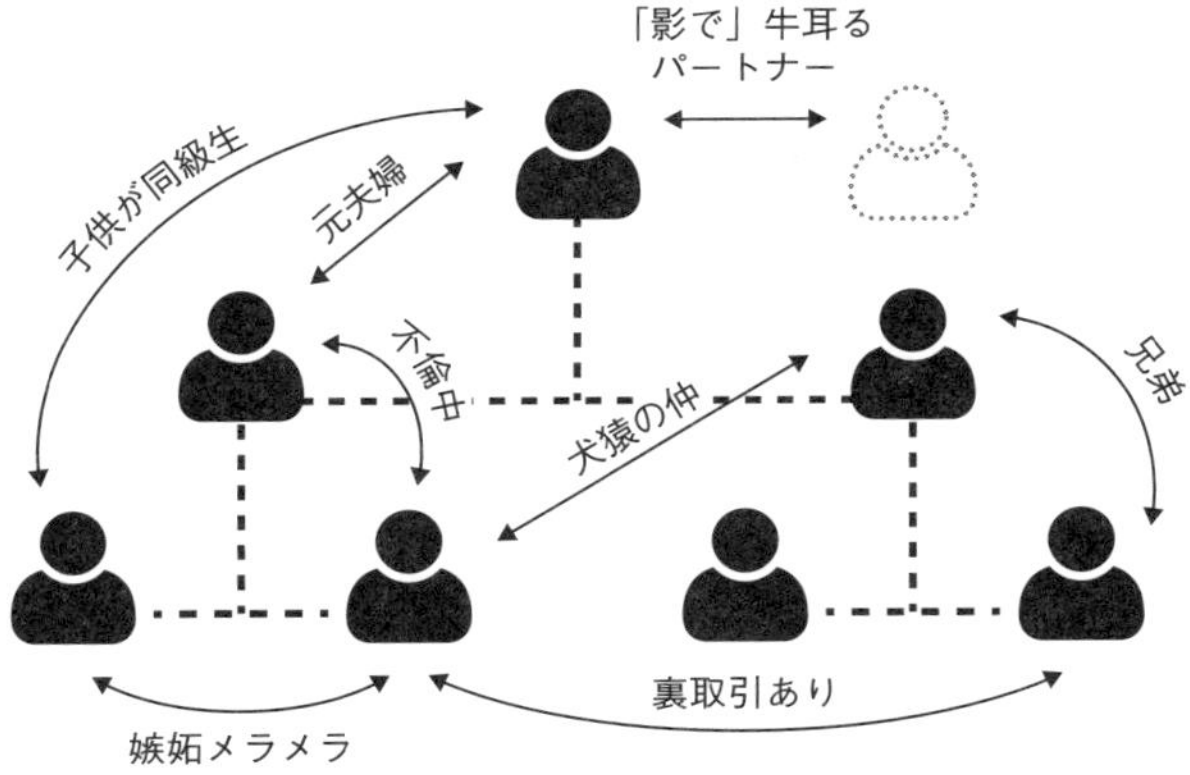

どん進化していく。誰が何を行い、どんな権限を持ち、どんな期待を担うかなど、詳細が明確に規定され、より理想的な状態が反映されるように、練り直されていく。

例えば、あなたが製造計画の管理を任されているとしよう。ところが、組織内の誰か他の人がしゃしゃり出てきて、あなたが既に終わらせた仕事に二度手間をかけようとするものだから、あなたはひずみをビシビシ感知しまくる。こういう場合、ガバナンス・プロセスを通じて、もっと効果的に分業が行われる形で明確に定めることができる。

ホラクラシーにも、実は正式に定められた構造がある。ただし、一人一人が日々の仕事をこなしながら感知したひずみに応じて、その構造は絶えず改良され、変化し続けていくのだ。こうして、「最も効果的に仕事をこなすためには、どのような構造にする必要があるだろう?」という問いに対する、私たちの最高の知識が常に反映されることになる。

そういうわけで、ホラクラシーを導入した組織では、みんな自分や他人の職務記述書を時々参照する。時々どころか毎日という場合もある。なぜなら職務記述書には、当然すべきことや期待されることについて、現状にふさわしい、的を射た、明瞭で、有益な情報が盛り込まれているからだ。

つまり、実際にみんなで一緒に仕事をするやり方(事実上の構造)が書類に書かれたこと(表向きの構造)をきっちり反映し、さらに、表向きの構造は組織にとって最適な構造(必要な構造)をきっちり反映している、ということだ。したがって、この三つの構造は同じものとなってぴったり重なり合う。ただしそれは、別のひずみが感知されるまでのしばしの間のことであって、この進化のプロセスは続くのだ。

ホラクラシーの「構造」は、一定不変ではなく、進化し続ける。この根本的な違いを頭に入れ、ホラクラシーの構造とそれを構成するさまざまな要素について見ていこう。

社員のフリーエージェント化

ホラクラシーの組織に使われる構造は、伝統的なヒエラルキーではなく、「ホラーキー」というタイプだ。アーサー・ケストラーが1967年に発表した著作『機械の中の幽霊』で使用した造語である。ケストラーは「ホロン」とは「それ自体で全体としての性質を持つが、より大きな全体の部分になっているもの」であり、「ホラーキー」は「ホロン同士の結びつき」であると定義した。

なんのこっちゃと思うかもしれないが、実はあなたもよくご存知のもの、あなた自身の身体が、ホラーキーの例なのだ。身体の中の細胞の一つ一つがホロンである。自己完結型の、全体としての性質を持つ存在であると同時に、臓器というより大きな全体の一部でもある。同様に、それぞれの臓器はそれ自体が自己完結型の全体でありながら、身体というより大きな全体の一部でもある。細胞から臓器へ、さらに臓器から生命体へ、と入れ子式になったホロンの連鎖は、ホラーキーの例である。

この手の構造は、自然が作った体系として身の回りにいくらでもある。例えば、粒子が作用しあって原子が生まれ、原子同士が結合して分子になり、分子がまとまって結晶やタンパク質を構成するという場合、それぞれの要素は部分であり、全体でもある。

ホラーキーは、内部のどのレベルにおいても、自律性が尊重され、自分で回る組織になる。ホラクラシーで使うのもこれと同様の構造で、ホラクラシーの語源もここにある。

Ｈｏｌａｃｒａｃｙとはホラーキー（hola-）の構造を持つ組織によるガバナンス（-cracy）と言う意味だ。

このように、ホロンとホラーキーという観点から会社を見てみると、「組織というシステムの中で、部、チームなどのより大きなホロンに含まれた、より小さなホロンが人間である」と言える。ただし、臓器の一部である細胞とは違い、人間は、完全に内包された「会社の一部」ではない。むしろ、会社とは別個の自律した存在で、自分の意思で会社にやってきて、さまざまな「役割」に体系化された組織の機能を「動かしている」。

そういう役割のほうこそが会社の一部であり、ホラクラシーの組織構造の最も基本的な構成要素である。前の章で話したように、権限を分配する場合、「個人へ」ではなく、個人が担う**「役割へ」**と権限が分配される。役割には、ある仕事を実行し、目標を達成する権限が与えられる。役割に伴う責任が大きくなりすぎて、一人では担えなくなった場合には、その役割を複数の役割に分解して、**「サークル」**が作られる。

ホラクラシーの目的は**仕事を体系化することであって、人を組織することではない**。だから、どの役割を担当するかは自己管理に任されていて、自分でかなり自由に決められる。人は会社組織の「つなぎ目」の一つとして体系に組み入れられるのではなく、フリーエージェントの選手さながらに、組織の構造をあちこち見て回り、気に入った役割を引き受けることができる。それだけでなく、組織の異なる部分に属する複数の役割を同時に引き受けることだってできるのだ。

ザッポスでそんな自由を満喫しているのがマットだ。もともとソーシャルメディア・チームの社員だが、同僚曰く「社内コミュニケーション、向上・開発システム、ホラクラシー推進など、組織横断的な数々のプロジェクトでも活躍するようになった。以前ならとてもじゃないがこんなふうにはできなかった」

組織の危険信号

従来の組織におけるあなた自身の経験から次の質問に答えてほしい。

「あなたは誰に対して仕事を報告する義務がありますか？」

普通の答えは「直属の上司」や「直属の管理職」だが、あなたを頼りにしている人はもちろん他にもたくさんいる。同僚、顧客、おそらく投資家やその他の利害関係者《ステークホルダー》もそうだ。

そこで、次のような質問に変えたほうがもっと意味のある答えが得られるだろう。

「あなたを頼りにしている人たちが求めていることは何ですか？」

あなたの仕事に関係する人たちは、それぞれ特定の活動に関心があり、あなたが責任を持ってその活動を管理することを望んでいる。そういう責務についての明瞭さは、円滑な組織運営に不可欠だ。ところが、責務が暗黙のままになっていることが多すぎる。

それでも物事がスムーズに進み、みんなの期待に整合性があるなら大変結構だ。しかし大概は、各人が何を担当し何をするべきかについて考えがてんでんばらばらで明瞭でないために、ありとあらゆる種類の対人関係の摩擦や政治的駆け引きに至ってしまうのだ。

例を挙げよう。私は、研修サービスに関する最新情報へのリンクを載せたeメールを送りたい。それにあたり、同僚の一人がウェブサイトを更新してくれたはずだと考えている。しかし同僚のほうでは「ウェブサイトは月一回更新すればいい」と考えていたとしたら、私が送らなければならない情報はまだウェブ上にないことがわかる。

従来の経営方式でどうにもならないのはここ、つまり、彼の責務とは何かについて異なる考えがあると、私と彼がそれぞれ期待することが対立してしまう点である。

危険信号

あなたの組織には次に挙げる兆候が現れているだろうか？　そうだとしたら、役割と責務における明瞭欠乏症を患っている恐れがある。

- **同僚間に不信感とイライラが募っている。**

・大事な仕事が「うっかり」見落とされている。
・頻繁に開かれるミーティングは、もっぱらコンセンサスを得るために費やされている。
・これといった理由もなくCC欄に大勢入ったeメールが飛び交っている。
・決定を下す前にみんなにお伺いを立てるべきだという風潮がある。
・「私たち」がするべきことについて、山ほど意見があるものの、誰も実行に移さない。

お互いに期待することが食い違っている場合、重要な仕事が見落とされ、みんながイライラする。「あいつにはがっかりした」「なんで俺が責められなくちゃならないんだ」「奴は信頼できない」などといった感情が渦巻く中、埋め合わせるために自分の役割の範囲を超え、他の人の役割に立ち入ってしまう。こうした問題は、研修で信頼構築やチーム育成をいくらやっても解決するものじゃない。

なぜなら、一見、個人的な人間関係の問題のように見えて、実はそうではないからだ。原因は個人的な裏切りや不信や無神経にあるのではなく、お互いから期待すべきことについての理解が食い違っていることなのだ。これは役割と責務が不明瞭な証拠である。

明瞭にするためには、まず、自分（または他の誰か）が持つ暗黙の期待に他人も合わせて当然という考えを捨てなければならない。それにはきちんとしたガバナンスが必要だが、重要なのはガバナンスが暗黙のうちに行使されるものではなく、きっちり書面化されていることだ。

ホラクラシーのガバナンス・プロセスでは、明確な役割とそれに伴う明確な責務、それを遂行するための明確な権限が規定されるので、ガバナンスが明瞭になる。さらに、学びを統合したり、組織を取り巻く現実の変化との整合性を図りながら、規定を絶えず進化させていく。こうして曖昧な暗黙の規範は力を失い、それに代わる透明性の高い文書化されたプロセスと、そのプロセスから生まれる明確な期待と権限が実権を握るのだ。

最初はやりにくいと感じるかもしれない。教育関連企業デヴ・ブートキャンプの創設者、シリーフ・ビシェイは簡潔に「ホラクラシーだと未開社会みたいに開けっぴろげになる」と言った。「文明化した」社会において、曖昧で間接的になることに私たちがどれほど慣れているかをビジェイは指摘しているのだ。だから、物事が本当に透明性を持った具体的な形になると、最初は居心地悪く感じるかもしれない。しかし、明瞭さが高まるにつれ、信頼が自然に育まれるだろう。組織文化の中で、影響力を行使する手段として政治的駆け引きが用いられることが、時間とともにだんだん少なくなっていく。

理由は簡単だ。ガバナンスを通じて明瞭さを生むほうが格段に効果的だからである。また、権限と期待が明瞭な構造では、組織の中で働く人間と彼らが担う機能や役割とがはっきり区別される。普通は一緒くたになっているこれらの要素を切り離すことは、ホラクラシーがきちんと実践されていることを示す、重要な成果の一つである。

人間ではなく「役割」を主役にする

ホラクラシー・ワンで私が「パートナー」（訳注：ホラクラシー用語で「組織の中で役割を担う社員や社外の人」）たちとミーティングを行い、その結果、私が自分の仕事リストに新たな項目を付け加えることになる場合、私たちの誰も、そういう仕事が「ブライアン」個人に与えられたものだとは考えない。

その代わり、仕事が「トレーナー」や「プログラム・デザイン」や「ファイナンス」――それぞれ私が担う役割だが――に割り当てられたという言い方をする。同様に、私自身もパートナーを名前で呼ぶのではなく、「マーケティング」「ウェブサイト・ディレクター」「研修オペレーション」などと言い表すことがある。こういうふうにしよう、とみんなで決めたわけではなく、ただ自然とこうなったのである。

毎日一緒に働く仲間なのに変な話し方だと思うかもしれないが、実は物事がかなり明瞭になるし、ホラクラシーがもたらす根本的な変化を示している。それは「人間と役割を別々のものとして捉えること」。私はよく「ロール（役割）とソウル（人間）」と言っている。

現代の組織文化においては、個人と個人が担う役割は表裏一体であり、そのために人も組織もいろいろな点でやりにくくなる。例えば誰かについて抱く感情とその人が担う役割について抱く感情とを切り離すのはなかなか難しい。組織の中で揉め事が起こると、本当は役割に関する衝突なのに、その役割を担う人たちの対立だと取り違えてしまうことがある。

そういう揉め事は不必要に感情的になりがちで、ヒートアップした人間関係を丸く収めようとすると、根本的な問題である組織の「role-ationship《ローレーションシップ》」を明瞭にする機会を逃してしまう。「ローレーションシップ」とは私たちが担う役割同士の関係であり、役割同士がお互いから望むものであり、人間同士の個人的なつながりとは切り離して考えるべきものだ。

あなたが組織の「ビジネス開発」の役割を担っているとしよう。あなたには重要な見込み客を発掘する責任があり、接待は重要な手段だと理解している。それなのに、「経理」の役割を担う人物がどうしてこんなにビジネスランチが必要なのかと質問してくると、あなたはムカッとするかもしれない。経理担当者が執拗《しつよう》にトゲのある質問をしてくるのに腹が立つのは、自分は信頼されてない、嫌われている、とあなたには思えるからだ。

実は、この対立は感情的な問題ではない。ホラクラシーの言い回しを使うと、二人ともまただ自分の役割を「稼動し」、責務を「実行に移している」だけなのだ。これら二つの役割の間で優先順位や期待が衝突してひずみを生じているわけだが、これを機会と捉えれば、組織全体の目的から見て、互いの役割に期待すべきことを明瞭にするチャンスなのだ。これら二つの役割の

ホラクラシーでは、個人と個人が担う役割とを明確に区別することがポイントだ。組織が目的を追求するために必要な、さまざまな「役割」に基づいて組織の構造が決まるのであって、組織の中の特定の「個人」を念頭に置いているわけではない。人間は後からやってきて、担当者となって役割を「稼動」する。

まず、組織の目的のために必要なものは何かをベースに役割を決めた後、手元の人材を検討し、それぞれの役割に最適な人を割り当てる。ほとんどの人はごく自然と複数の役割を担うだろう。私生活でも、みんな常に複数の役割を担っているものだ。同じ一人の人間が、親であり、配偶者であり、子供であり、教師であり、生徒であることもある。こういう役割に伴われる期待と責任もそれぞれ異なっている。それと同じで、**組織においても、一人の人間が複数の役割を担うことができる**のだ。ホラクラシー・ワンで私が担当する役割は、先ほど挙げたトレーナー、プログラム・デザイン、ファイナンスを含めて30ほどだ。

役割を明瞭に具体的に規定するため、ホラクラシー憲法では役割は次の三つの要素で構成されるものと定めている。実現すべき「目的」、管掌すべき「領域」（おそらく一つだが複数

の領域にわたることもある)、実行に移すべき一連の「責務」。

これら三つの要素がすべて揃っている役割もあるが、最初は目的だけ、あるいは責務が一つだけしかなく、そこから発展していく場合が多い。**「目的」**とは、なぜその役割が存在するか、その役割が達成しようとしているゴールは何か、ということ。**「領域」**とは、その役割が組織の代表として、**独占的な**権限を持って制御できるもの、いわば役割の「所有物」であり、他の役割は手を出せないもの。**「責務」**とは進行中の活動であり、それを遂行する権限が役割に与えられていて、遂行するか、他の何らかの形で組織のためになるように取り計らうことが役割に期待されている。

このように権限と責務をセットにすると、「実際に行う権限のない仕事に責任を持たされる」というありがちな状況を避けることができる。責務とは、一回限りのプロジェクトではなく継続的な活動であることを強調するため、「〜していく」という形で表現することになっている。これら三つの要素の交わりについては、次章の最後にもっと詳しく検討しよう。

役割規定の例

すべての役割には目的、領域、責務を定めることができる。

役割

マーケティング

目的

当社と、当社が提供するサービスがどんどん話題に上ること

領域

・会社のメーリングリストとソーシャルメディア・アカウント
・会社の公のウェブサイトのコンテンツ

責務

・「マーケティング戦略」の役割が定めるターゲット市場で、潜在顧客との関係を構築していく。
・ウェブとソーシャルメディアをチャネルとして、潜在顧客に組織のサービスを宣伝、紹介していく。
・組織に入ってくるスピーチの依頼やその他のPRの機会への対応を的確に判断するとともに、「スポークスパーソン」の役割に、良い機会を回していく。

ホラクラシーにおける「役割」は、時間とともに変化するダイナミックな生き物である。伝統的な職務記述書が曖昧で、理論的で、瞬く間に時代遅れになってしまうのとは違って、

ホラクラシーの役割規定は、どんな活動が役立つか、組織の中で現実に経験されていることに基づいており、その変化する現実と常にシンクロされている。

ホラクラシーのガバナンス・プロセスでは、理論上の予測に基づくのではなく、生じてくる実際のひずみに基づいて、役割を絶えず明瞭に、向上させていくことができる。

例えば、あなたが自分の役割の一つでひずみを感じているとする。なぜかというと、ある仕事を同僚にきちんとやってもらえることを期待していたのに、彼女のほうではそれを遂行しなかったからだ。ホラクラシーのルールとプロセスでは、あなたに次の点について考えてもらうことになる。「この仕事は、彼女の役割が持つ責務として明確に規定されていることだろうか、それとも私自身が暗黙に期待しているだけなのか?」

あなたにとっては至極自然で真っ当な期待のように思えても、ホラクラシーでは彼女の担当する役割の責務として明確に規定されていないなら、あなたにそれを期待する権利はこれっぽっちもない。ただし、彼女の責務に**するべき**ものだ、と思うなら、「問題となっている仕事は、彼女が担う役割の明確な責務にするべきだ」と次回のガバナンス・ミーティングで提案すればいい(これについては、次章「ガバナンス」で詳しく取り上げる)。

定められたさまざまな役割と、役割同士の関係が本当に明瞭になれば、職場にありがちな多くの不満が解消される。何か決定するたびに、逐一ミーティングで協議する必要はもうない。なぜなら、自分がどんな権限を持っているか、場合によっては他のどんな役割に関わる必要があるか、そしてそれはなぜか、ということがわかっているからである。

また、eメールのCC欄に誰でも彼でも入れる必要はないし、決定を下す前にみんなにお伺いを立てる必要ももうない。グループで話し合うこともちろんあるが、その場合もコンセンサスを期待する空気はない。なぜなら、どの役割がどの決定を下す権限を持っているか、誰もが明瞭に理解しているからである。

さらに、みんなが自分の仕事に取り組み、一緒に権限を行使していく際、他の人に対して自分が抱く妥当な期待とは何か、逆に他の人が自分に対して抱く妥当な期待とは何かについても理解している。組織が明瞭になると、本当に権限が分配され、私たち一人一人が時にはリーダーとなり、時にはフォロワーとなる自由を得る。自分の役割を遂行する時は、他人の意見を適宜取り入れる良いリーダーとなり、別の役割が決定権を持ち話し合いを終了して判断を下す場合には、良いフォロワーとなれるのだ。

サークル：ヒエラルキーからホラーキーへ

ここまで説明してきたような役割とは、いわば組織の細胞だ。今度は、全体の組織構造の中で、どのように役割がグループ化され、統合されるか見てみよう。典型的な組織図は逆さまになった樹木のような構造をしていて、一つ一つのつなぎ目が人（「役職」と言ってもいいが、役職は人と一対一で対応するので、結局ほぼ同じ）を表している。

一方、ホラーキーは、有機体の中の臓器の中の細胞、というように、円（サークル）が入れ子状に連なっている。ホロンと呼ばれる各部分は、その外側のホロンに従属せず、自律性と個々の権限とを保つ全体としての性質も保持している。企業組織のホラーキーでは、グループ化された役割がサークルに内包され、サークルのグループを内包するより大きなサークルがあり、という具合に、組織全体が含まれる最大のサークル「アンカーサークル」（P240参照）に至るまで続いていく。

ホラーキー内部のサークルと役割の一つ一つは、本当の自律性と権限を保持し、それ自体が一つにまとまった、全体としての性質を持つ存在であると同時に、より大きな存在の一部として、本当の責任も負っている。

それぞれのサークルは根本的に自律しているとは言っても、サークルの決定や活動は他のサークルから完全に独立しているわけではない。なにしろ、サークルはホロン、つまりそれ自体で機能する組織であると同時に、より大きなサークルの部分なのだ。部分である以上、外側のサークルに含まれる他の機能や他のサブ・サークルと環境を共有している。

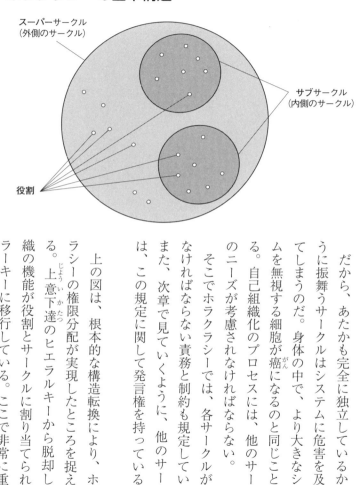

ホラクラシーの基本構造

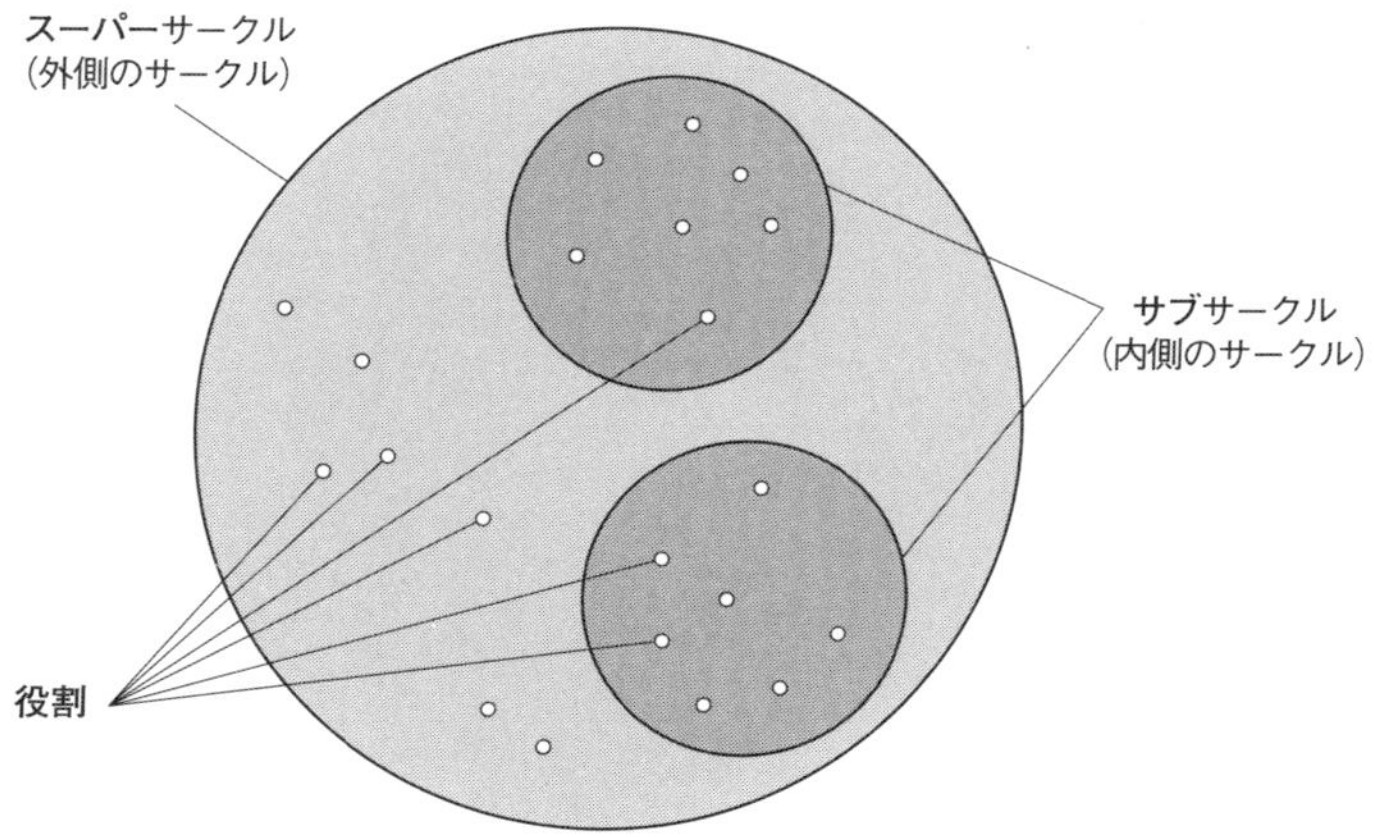

だから、あたかも完全に独立しているかのように振舞うサークルはシステムに危害を及ぼしてしまうのだ。身体の中で、より大きなシステムを無視する細胞が癌《がん》になるのと同じことである。自己組織化のプロセスには、他のサークルのニーズが考慮されなければならない。

そこでホラクラシーでは、各サークルが守らなければならない責務と制約も規定している。また、次章で見ていくように、他のサークルは、この規定に関して発言権を持っている。

上の図は、根本的な構造転換により、ホラクラシーの権限分配が実現したところを捉えている。上《じょう》意《い》下《か》達《たつ》のヒエラルキーから脱却し、組織の機能が役割とサークルに割り当てられたホラーキーに移行している。ここで非常に重要な違いは、ヒエラルキーからホラーキーへと、単に構造のタイプが変化したというだけではなく、そもそも**何を持って組織を構築するか**、という点にある。

ホラクラシーでは、組織を構成するものはもはや人ではなく、役割と機能なのだ。ホラクラシーは、「誰が誰に命令を下すか」という、単純な権力関係で人と人とを結びつけるのではない。全体のシステムの中で、仕事がどこに位置付けられるかという観点で組織を築き、その仕事を行うさまざまな存在（人やサークル）の間に、明瞭な線引きをするのである。

この点から考えると、「ホラクラシーはフラット組織だ」とか「ホラクラシーは階層的だ」と言うと、誤解を招きかねない。ホラクラシーで使う階層構造は、私たちに馴染みの深いものとはタイプも違えば、目的も違うからだ。

このような構造転換とは、今ある部署の名称を変更したり、プロジェクトチームをサークルと呼べば済むものではない。サークルは人のグループではなく、役割のグループである。また、ある意味で、サークルそれ自体が本当に大きな役割であり、一つにまとめられた実現すべき目的と、実行すべき責務を持ち、場合によっては管轄する領域もある。

サークル全体の目的を実現したり、責務を実行したり、領域を管轄したりするためにサークルに必要なものを細分化したのが、サークル内部に配置された役割である。サークルは自律性と権限を持ち、自分で自分の組織を築き、内包するすべての役割の仕事を調整したり統合したりすることができる。サークルによる組織の構築は、サークルのガバナンス・ミーティングの場で行われる。これについては次章で取り上げよう。

サークルの仕事は、タイプも規模もさまざまだ。特定のプロジェクトを実行するものもあれば、部署や事業分野を管理するものもある。また、特定のサポート機能を遂行したり、事業活動全体に取り組んだりするサークルもある。狭い分野を専門にする小さなサークルもあれば、比較的大きなサークルで、完全に自律した複数のサークルを内包するものもある。

例えば、何かのサービスを提供する組織があるとしよう。そのサービスの提供に関わる複数の役割をグループ化し、一つのサークルとして、サービス提供に関わるプロセス全体を統括することができる。さらにこのサークルそれ自体を他のサークルとグループ化し、より大きなサークルとして、セールス、マーケティング、サポートなどサービス提供に並行する他の機能と統合することができる。

一つの役割が担う責務が複雑になりすぎて、きちんと実行するために分割する必要が生じた場合にも、サークルが形成されることがある。起業したての小さな会社なら、包括的なマーケティングという役割を丸ごと一人で担うところから出発するかもしれない。会社が大きくなるにつれ、マーケティングのニーズが多様化してきた時点で、互いに関連し合う複数の役割に分割し、複数の人で分担することが必要になる。そこで、マーケティングの「役割」

は「サークル」に発展し、仕事が分割される。

マーケティングのサークルに含まれる役割は、この時点でソーシャルメディア、広告、ウエブマーケティング、ブランド開発などが考えられるだろう。結局、ソーシャルメディアの役割は、一人では担いきれなくなるかもしれない。その場合には、責務を2、3の役割に分割することが考えられる。そこで、ソーシャルメディアはそれ自体がサークルとなり、マーケティングという「スーパーサークル」に含まれる「サブサークル」になる。サークルの規模の大小や対象分野の広さにかかわらず、同じ基本のルールが適用される。

リードリンクとレプリンク：管理職は不要

サークルにサブサークルが含まれる場合は必ず、スーパーサークルと各サブサークルを結ぶ二つの特別な役割が設けられる。「リンク」と呼ばれるこの役割は、結ばれるサークルの境界線をまたぎ、細胞と外の世界とのパイプ役のような機能を果たす。両方のサークルのガバナンスとオペレーションのプロセスに参加して、フィードバックとひずみの処理が、サークルの境界線を越えて流れるようにするのが仕事だ。

一つはスーパーサークルから指名される「リードリンク」で、スーパーサークルのニーズを代表してサブサークルにも籍を置く。リードリンクは、スーパーサークル全体の視野に立ち、全体の目的、戦略、ニーズに合うようサブサークルを調整する機能を担っている。

もう一つは「レプリンク（レプ＝レプリゼンタティブ＝代表）」と呼ばれ、サブサークルのメンバーにより選出され、サブサークルを代表してスーパーサークルにも籍を置く。レプリンクの役割は、私たちがよく知る現代の組織には見られない、かなり特殊なものだ。

レプリンクの仕事は、スーパーサークルをサブサークルにとって健全な環境にすることであり、そのためにサブサークルの重要な視点をスーパーサークルのガバナンスとオペレーションに反映させる。スーパーサークル内でサブサークルの自律性と持続性を守りつつ、最前線からのフィードバックをスーパーサークルに伝えるのだ。

リードリンクもレプリンクも、それぞれの機能を遂行するため、結ばれたサークル両方のガバナンスとオペレーションに参加できる。

つい先ほど取り上げたソーシャルメディアの例をまた使おう。ソーシャルメディアのサークルにはリードリンクがいる。リードリンクの機能は、マーケティング・サークル全体の戦略とメッセージングについての自分の認識をソーシャルメディア・サークルの活動に反映させ、整合性を図ることである。一方、ソーシャルメディア・サークルはレプリンクを選出する。レプリンクは、ソーシャルメディア・サークル内で表面化している問題に耳を傾け、マーケティングの他の部分がどのように行われているか（あるいは行われていないか）という情報を得る。そこで、こういう問題をマーケティング・サークル全体で喚起し、取り組まれるようにする。また、マーケティング全体のメッセージング戦略が、昔ながらの情報発信源とは違う、ソーシャルメディア特有の性質に合うように気を配る必要があるだろう。

リードリンクもレプリンクも、マーケティング・サークルのガバナンス・ミーティングに参加し、両者ともソーシャルメディア・サークル全体を代表するが、それぞれが微妙に異なる立場に立っている。

サークルとそれに内包されるサブサークルをこのようにリンクすることが、階層ごとに順ぐりに行われ、組織のホラーキーの隅々に行き渡るまで続けられる。こうして出来上がった経路を使って、整合性を図ったり、フィードバックを伝えたりすることが、双方向にびゅんびゅん行き交うようになる。

リードリンクの役割はすべてのサークルにおいて重要な機能を果たすが、伝統的な管理職の役割と混同しないでほしい。リードリンクはサークルのメンバーを管理しているのではない（いずれにせよ、メンバーは実際、多くのサークルで役割を担えるから、リードリンクは他にもたくさんいるのだ）。リードリンクの仕事は、チームを指揮することでも、サークル内の人た

サークルをリンクする

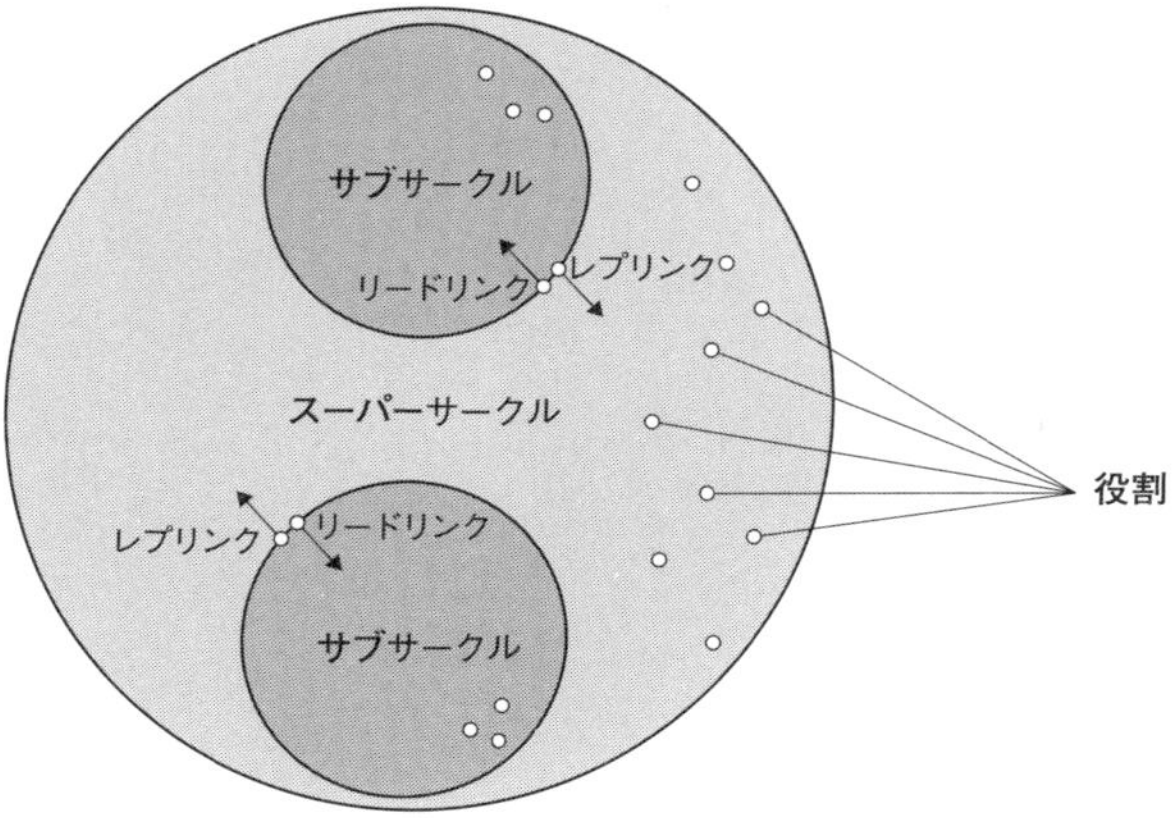

ちが感知したすべてのひずみの面倒を見ることでもない。

リードリンクは、人を管理するのではなく、組織全体が置かれている環境の中で、**サークル全体とその目的を代表**しているのだ。リードリンクの役割を一番よく表すメタファーを使うと、サークルが細胞だとすると、リードリンクは細胞膜にあたる。

リードリンクは、活動を指揮するのではなく、サークルの目的が遂行される空間を確保し、そのサークルの対象ではない事柄や懸案事項をブロックする。また、入ってくる情報や依頼を中継して適切な役割に流したり、サークル内に通過させたリソースを最も重要な機能や役割やプロジェクトに回したり、というように、必要が生じた場合には、サークルの境界線における橋渡し役にもなる。
どの役割がどの仕事を処理し、どの決定を行うかに関して、サークル内で明瞭さに欠けるところがないよう目を光らせ、ガバナンス・プロセスを通じて明瞭さを保つこともリードリンクの仕事である。新しいサークルでは、リードリンクの役割は起業家と同じで、目的を達成するための構造を積極的に構築していくことだ。サークルそれ自体とその目的のためには何がベストかいろいろなアプローチを試し、どれがうまくいくかを見極め採用する、ということが必要になる。

リードリンクの役割規定

目的
リードリンクはサークル全体と同じ目的を持つ。

領域
・サークル内における役割の任命

責務
・サークルが目的を実現し、責務を実行に移せるように、ガバナンスを構築していく。
・パートナーをサークルの役割に任命していく。適性を見守っていく。適性を高めるようなフィードバックを与えていく。他のパートナーのほうがより適性が高いと判断した場合には任命し直していく。
・サークルのリソースをサークル内のプロジェクトや役割に割り当てていく。
・サークルのために優先順位と戦略を確立していく。
・サークルのために評価基準を策定していく。
リードリンクは、サークルの領域と責務も継承するが、それらが他の役割やプロセスに委任されていない場合に限られる。

誰かを役割に任命したり、仕事の優先順位をつけたりといった、ベテラン管理職にお馴染みの責務もリードリンクには確かにある。でも、そういう管理職がリードリンクの役割に移行すると、権限も違えば、権限の限界も違うので、かなり戸惑うことだろう。

結局、ホラクラシーを導入すると、創り出されるすべての役割は他の誰にも邪魔されない本物の権限を持つので、リードリンクも権限と制約を持つ役割の一つに過ぎないのだ。

ホラクラシー・コーチのアナ・マクグラースは、パンテオン・エンタープライズ社でミーティングに出席していた時のことを話してくれた。パンテオン社は、環境に優しい化学製品を製造する会社で、アナは同社におけるホラクラシー導入に力を貸していたのである。

あるサークルのリードリンクは、同社のリーダーたる共同創設者で、以前は原子力エンジニアをしていた経験豊かな人物だった。同じサークルにはスティーブンという彼の義理の息子がいて、この22歳の若者はプロダクション・アシスタントの役割を担っていた。時期が来て、スティーブンは自分の役割における決断を下したが、リードリンクはこの決定に反対で、他のアプローチを提案していた。

アナが注目したのは、この若者が「無礼でも反抗的でもなく、ただ、この決定について自分に権限がある旨を述べただけで、それ以上の時間は無駄に費やされなかった」ことだ。「ホラクラシーを実践している組織では、一番若手から一番ベテランまで誰でも、明確な責務に沿った権限を持てるし、誰もが他人の主権を尊重する」とアナは評価している。

この例のように、リードリンクの権力は憲法で制限されている。リードリンクは誰かを役割から外すことはできるが、ガバナンス・プロセスの範囲外で誰かをクビにしたり、報酬を決めたり、新しい役割と期待を規定したりする権限は全くない。また、自分のサークル内の役割の担当者に依頼してあるプロジェクトを他のものよりも優先してもらうことはできるが、そもそも特定のプロジェクトを引き受けるよう命令することはできないのだ。

担当者は、リードリンクに依頼されたプロジェクトが自分が担う役割の目的と責務に合うかどうかを判断することができる。もし合わなければ遠慮なく辞退できるし、合う場合でも、自分の役割を実現するためにはもっとふさわしい、違う成果を目指したほうがよいと考えるなら、やっぱりプロジェクトを却下することができる。

これにまつわる問題が、最近うちのクライアントの組織で持ち上がった。社内学習を担当するサークルで、使用していた新しいツールのために、社内のベストプラクティス（成功事例）を取り上げて共有化する役割が必要になった。そこで、「関係者のベストプラクティスを書類化し、共有する」という責務を持つ役割が新設された。

それに基づき、サークルのリードリンクは、社員がベストプラクティスを共有できる社内ウィキ（訳注：ｗｉｋｉ＝知識を共有するためのグループウエアの一種）を作るよう、役割の担当者に依頼した。こういう依頼自体は、リードリンクでも、サークル内の他の誰にでも依頼する権利があることだが、ここで表面化した問題は、担当者がこのプロジェクトを受け入れて、依頼されたウィキを作らなければならないかどうか、ということだった。

ホラクラシーのルールに則ると、答えはきっぱり「ノー」だ。

担当者は自分の責務を実現するために何かを行う義務があることは確かだが、そのために特定のプロジェクトを引き受けなくてはならない、というわけではない。おそらくこのケースでは、担当者は社内ウィキと社内ブログの長所と短所についてリサーチしていたのだろう、結局、チームの外からもコメントやサポートが得られるブログのほうが、自分の役割に役立つはずだと結論した。担当者は、自律性を持ち、自分の役割のリーダーとして、**どのように責務を実現するかを選ぶ**ことができる。

リードリンクにこれを覆すことはできない。リードリンクの力が及ぶ範囲は、役割に適任者を配置したり、サークル全体で仕事の優先順位を決めることだけに限られているからだ。もしサークル内に担当者が決まっていない役割や、どの役割にも割り当てられていない機能がある場合は、リードリンクは何でも引き受ける便利屋になって、見落とされる仕事がないよう責任をもって対応する。ただしこれは、ガバナンスで適切な役割を新設し、その役割を誰かに担当させるまでの一時的なことである。

レプリンクの役割も、各サークルにとって重要な機能を果たす。単なる「二番手の」リンクではなく、リードリンクとは全然違う機能を担っている。リードリンクが細胞を取り囲む細胞膜のようなものだというなら、レプリンクは細胞の中心部から、細胞膜を突き抜けて直接外部へ至るルートだ。レプリンクは、現場レベルで何が起こっているかを本当に知っている人の視点に立った、素早いフィードバックを伝える。また、サブサークルの障害となり、サブサークル内では解決できないひずみが発生している場合に、それを外側のサークルに連絡するのは、リードリンクではなく、レプリンクの責務なのである。

例えば、ソーシャルメディア・サークルが「会社の製品を効果的に宣伝できない」という問題を抱えているとしよう。その原因はマーケティング・サークルのメッセージングの指針がむちゃくちゃ厳しすぎて、ツイッターやフェイスブックの会話型の環境には馴染まないことにある。この場合、レプリンクは、マーケティング・サークルの次回のガバナンス・ミーティングにこの件をかけることができる。「メッセージングの指針を決める際にはソーシャルメディア・サークルのメンバーに相談する」などの**解決策をミーティングで提案**すればよい。

会社全体や他のサークルに対して、サークルのメンバーが抱くひずみにはレプリンクが対応してくれるので、リードリンクはそれ以外の方法でサークルを前進させることに心置きなく時間とエネルギーを注ぐことができる。

レプリンクの役割規定

目的

スーパーサークル内では、レプリンクはサブサークルの目的を保持する。サブサークル内では、レプリンクの目的は、スーパーサークルのプロセスに関わるひずみをスーパーサークルに伝え解決すること。

責務

・サブサークルの外側の組織に存在し、サブサークルの障害となっている制約を取り除いていく。
・サブサークルのメンバーが伝えるひずみについて理解を深め、スーパーサークルで処理すべきものかどうかを見極めていく。
・サブサークル全体に割り当てられた評価基準やチェックリストの項目について報告することを含め、サブサークルが健全な活動をしていることがスーパーサークルにはっきり見えるようにしていく。

クロスリンク：より速く、よりスムーズに

リードリンクとレプリンクの他に、ホラクラシーの組織で使われる第3のリンクがある。最初の二つのリンクに比べて使われることが少ない、「クロスリンク」と呼ばれるものだ。あるサークルが別のサークルを内包している場合に、リードリンクとレプリンクがサークル同士を結びつけるのに対して、組織のホラーキーにおいて互いに隔たったところにあるサークル同士を結びつけるのがクロスリンクである。

サークル間にクロスリンクを設けると、サークルが別のサークル内に感知したひずみを処理するための直接のルートができる。たとえ二つのサークルが遠く隔たっていても、通常のリードリンクとレプリンクのルートをたどる手間が省けるわけだ。

大抵の場合、クロスリンクは必要ない。なぜならどんな二つのサークルも、どこかのレベルで同じサークルに含まれているので、二つのサブサークルの関わり合いをめぐる問題はその大きなサークルで解決できるからだ。

例えばホラクラシー・ワンでは、「サービス提供」サークルと「アウトリーチ（広報）」サークルは、両方とも全社的な「ゼネラル・カンパニー」サークルに含まれている。時々この二つのサークルの関係やお互いに期待することなどについて、検討する必要が生じるが、その際クロスリンクは必要ない。「ゼネラル・カンパニー」サークルのガバナンス・ミーティングで問題を処理できるからだ。

ところが、二つのサブサークルのすり合わせがすんなりとはいかず、大きなサークルが本来の役割に集中できない場合には、二つのサークルを結ぶクロスリンクを指名したほうがいい。そうすれば大きなサークルを巻き込むことなく、直接問題を解決できるからだ。

また組織の中で、根本的に異なる部分が関係し合う場合にもクロスリンクがあると便利だ。例を挙げよう。私のクライアント企業は、セールスと、顧客に仕事を納品するチームとを結ぶクロスリンクを設けた。両者は、会社全体の組織構造の中で、数多くのサークルで遠く隔てられていたものの、両者間のひずみを処理する必要が自然と生じていたのである。なぜなら、セールスの役割は、対顧客関係全般において独自の視点を持っていて、納品の際のクライアントの経験は、次の大きなセールスに直結すると考えていたからである。

クロスリンクがあると、ひずみをより速く、よりスムーズに処理できる。繰り返しになるが、クロスリンクはめったに必要ないもので、ホラクラシー初心者の組織では特に使い方を間違えやすい。でも、実践を重ねてホラクラシーの達人になると、特定のケースでクロスリンクが役に立つ。また、クロスリンクは取締役会にホラクラシーを導入する際にも重要な役割を果たすが、これについては8章で詳しく話そう。

選挙と任命

この後の章でも追い追い見ていくが、ミーティングを実施するために、各サークルは「ファシリテーター（進行役）」と「セクレタリー」という二つの役割の担当者を決めなければならない。この二つの役割は、レプリンクの役割と同じように選挙によって担当者が決められる。選挙は、憲法で詳しく規定された「統合的選挙プロセス」を使い、サークルのガバナンス・ミーティングで実施される。選出された役割は、選出時に任期（概ね一年）が与えられるが、サークルメンバーはいつでも新たな選挙の実施を要求することができる。

選挙で選ばれるこの三つの役割を別にすれば、サークル内の役割はすべて、リードリンクが担当者を決め、組織のためにその仕事に適任と思われる人を任命する。こういう人たちは、厳密に言うと、社員や請負業者、ビジネスパートナー、その他のさまざまな法的関係にあるが、ホラクラシー憲法では、みんなまとめて組織の「パートナー」と呼んでいる。

役割に任命されたパートナーはいつでもその任務を辞任することができる。ただし、組織と交わした労働契約の条件などで、別の合意がなされている場合は別だ。リードリンクの役割でさえ、同じようにして担当者が決まる。

先ほどの例を再び取り上げよう。マーケティング・サークルのリードリンクは、ソーシャルメディア・サークルのリードリンクの担当者を決め、ソーシャルメディア・サークルのリードリンクは、サークル内のさまざまな役割の担当者を任命する。ただし、サークルのレプリンク、ファシリテーター、セクレタリーだけは、必ず選挙によって選ばれる。

2種類のミーティング

サークルの活動はすべて、感知されたひずみを中心に回る。そのひずみを感知するのは、サークルの役割を担当し仕事をこなしている人たちで、「サークルメンバー」と呼ばれる。サークル内で何らかの役割を担当している人はみんなサークルメンバーで、リードリンクもレプリンクも含まれる。

サークルメンバーがひずみを処理する方法は、ケースバイケースだ。行動を起こすこと（オペレーション）によって解決する場合もあれば、サークルが機能する型や構造を変えること（ガバナンス）が必要な場合もある。違う方法でひずみを処理できるように、各サークルで少なくとも2種類のミーティングが定期的に開かれる。それぞれ独自のプロセスとルールを持つこれらのミーティング・プロセスの詳細については、次章以降でステップバイステップで説明するが、ここではとりあえず、簡単な概略を述べておこう。

「ガバナンス・ミーティング」とは、サークルメンバーが、日々の仕事のなかで得た新しい情報や経験に基づいて、サークルの構造を向上させる場である。成果として、役割やその活動、役割同士の関係の他、サークルのポリシーについても理解が深まる。ガバナンス・ミーティングは、成熟したサークルでは普通1、２カ月に一度開かれるが、新しいサークルや、ホラクラシーに馴染みがないメンバーが多いサークルでは、毎月２回開くことをお勧めする。

「戦術的ミーティング」とは、サークルメンバーが、進行中のオペレーションに取り組んだり、チームメンバーと最新の情報を共有したり、障害となっている問題に対応したりするために、テンポ良く議論する場である。成果として、プロジェクトと次に取るべきアクションについて理解が深まる。戦術的ミーティングは毎週行われるのが普通だが、サークルによっては隔週でよい場合もある。

習うより慣れよ

冒頭からここまでの説明で、ホラクラシーがもたらすパラダイムシフトがどういうものか、イメージを捉えていただけただろうか？

私が一番お伝えしたいことは、ホラクラシーは、あなたの会社の既存の構造の上にボルトで締めて追加できるような手法ではなく、権力が行使されるやり方と会社を組織する方法を根本的に転換するということだ。

これは朗報だ。なぜなら、現代企業は工業化時代のデザインに縛られていて、その土台にあるソーシャルテクノロジーそのものが、企業が進化し適応していく上でのもっぱらの障害になっているからだ。これに気づいている人は多いが、古い構造の内部でせいぜい権限委譲に励む良いリーダーになることぐらいしか道はない。そこで、実行可能な選択肢としてホラクラシーが登場する。

この後の章では、ホラクラシーの実践と、目的に向かって邁進《まいしん》するダイナミックな組織になるためのユニークなルールについて説明しよう。私が「実践」という言葉を使うのは、ホラクラシーを完全に理解するには、運動したり外国語を話したり楽器を弾いたりするのと同じで、しょっちゅうやってみたり、使ってみたりしていないとダメだからだ。

ホラクラシーの恩恵を最大限に引き出すためには、習慣になるまで使い、実践していかなければならない。新しい習慣と同じで、最初はぎこちなく感じられるものだが、実践を重ねていけば、最終的には自然にこなせるようになるだろう。

第２部

進化を楽しめ
［ホラクラシーを体感せよ］

4章　ガバナンス・ミーティング

社会の経済で肝心要の問題は「いつ何時どこで起こるともしれない諸々の条件の変化に、たちどころに適応していくことだ」と言えるなら、当然、最終的な決定は、そういう諸条件を熟知し、関わりのある変化を直ちに見極め、適応するために即座に投入できる資源は何かをズバリ知る人たちに任せるべきだろう。

——フリードリヒ・ハイエク「社会における知識の利用」

プロスポーツを観戦している時、チームがグラウンドを流れるように移動しながら、協力し合い、パスしたり、ディフェンスしたり、スコアを決めたりしているのを見ているあなたは、ゲームのルールのことを考えているだろうか?

よく知っているスポーツなら、おそらく考えていないはずだ。プレーヤーにしても同じだ。ゲームを進行させている複雑なルールやプロセスは影を潜めている。もちろん、ルールやプロセスがなければ、ボールをむやみやたらと蹴り回すだけの大混乱に陥ってしまうだろう。ゲームに参加している全員がルールを受け入れて、ルールに従ってプレイすることに同意した場合、ルールは習慣に変わり、無意識に、暗黙のうちに、自動的に作用する。

ただし、それはルールが破られるまでのこと。プレーヤーがルールに違反した瞬間、ルールの存在が競技場にいる選手や、コーチや、レフェリーや、ファンの意識の中で生き生きと蘇るのだ。ホイッスルが吹かれ、カードが振られ、適切な行動が取られる。その後、ゲームはスムーズな流れの中に戻っていき、ルールは再び身を隠すのだ。

ホラクラシーもほぼ同じように作用する。上意下達の命令系統をプロセスに置き換える時、そのプロセスは、みんなが日々の仕事の複雑な世界を航行している間、全員を連携させて一つにまとめておけるような、頑丈で精巧なものでなければならない。ホラクラシーの日々の活動を定めるミーティング・プロセスは、ゲームのプレイのようなもので、みんながルールを覚えてしまえば、ごく自然に行われるようになる。

しかし最初は、子供がスポーツのルールを覚える時と同じように、ルールを思い出しながらプレイし、ルールを何度も参照しなければならないだろう。めんどくさいとか、やりづらいと感じるかもしれないが、ルールが存在するには理由がある。

もし7歳の息子に「サッカーをしてる時はどうしてボールを拾って走ったらダメなの？」

と聞かれたら、「それはね、もしみんながそうやったら、サッカーじゃなくてアメフトになっちゃうからだよ」とかなんとか説明するだろう。ホラクラシーも同じことだ。

この章と6章では、ガバナンス・ミーティングを実施するためのかなり込み入った細かいルールとプロセスを説明するので覚悟してほしい。ホラクラシーを導入した人たちの多くは、ここまで細かい構造を持つミーティングに参加したことがそれまで一度もなかったので、いったい何の得があるのか最初はピンとこないことが多い。「ルール」とか「構造」という言葉を聞いただけで、拒否反応を表す人もいる。しかし、デビッド・アレンが言うように「規律のない自由はなく、形のないビジョンはない……。もし、道路に線が引かれていなければ、とりとめもない考え事をしたり、創造力を働かせたりしながら、のほほんと運転してはいられない。誰もぶつかって来ないでくれ！　と祈るので精一杯だからだ。逆に、車線や制限やルールが多すぎると、どこをどう運転すればいいんだろうと、みんなの運転が慎重になるので、車の流れが停滞してしまうのだ」（原注10）

ホラクラシーを実践し始めると、以前よりも注意深くなる必要があるので、渋滞に巻き込まれたような感じがするだろう。でも安心してほしい。あなたと同僚たちがホラクラシーを実践し続け、子供のサッカーチームの練習のようにコツコツとルールに従っていけば、やがてルールやプロセスをすっかり意識しなくなり、チームが流れるように自発的に、効果的にひずみを処理する驚くようなシステムになっていることに気づくだろう。そればかりか最終的には、そんな新しい状態が当たり前に感じられるようになるはずだ。

昔、私の会社で、２時間の予定でゼネラル・カンパニー・サークルのガバナンス・ミーティングが行われたことがあった。このミーティングでは、給与体系が抜本的に改正され、組織の部分が大規模に再編され、組織全体に影響する新しいポリシーが幾つか採用された。どの議題についても、ミーティングに先立って話し合うどころか雑談さえしたこともなかった。サブサークルからのレプリンクとして出席していた最前線のスタッフも含め、参加者全員が今後の進路を全面的に受け入れて、予定より30分早くミーティングは終了した。

ミーティングを閉会する時、ファシリテーター（進行役）は、ちょっと手際が悪かったことを謝った。彼は、必要以上にミーティングが長引いたと思ったのだ。他の人たちも同意見だった。部屋を出る時になって、私は初めて気がついた――ほとんどの組織と比べて、これが尋常ではないことに。たった90分間でどれほど大きな成果を上げたことか。

しかし、ホラクラシーをマスターした組織にとっては、このような迅速な再編と統合は常識なのだ。

リーダーの代わりとなるもの

私が研修ワークショップでホラクラシーを紹介する時、ミーティング・プロセスを理屈で説明することにはあまり時間をかけない。その代わり、参加者をグループに分けて、仮想の会社における役割を割り当て、一連のシミュレーションを通じて指導する。この過程で、参加者には質問や異議が自然と生じるが、そのすべてに答えてもらうことができる。もっと重要なのは、ホラクラシーのルールと構造が実現するものを体験できることだ。

この章では、ホラクラシー式のガバナンス・ミーティングの概要をお伝えすると共に、本という制約の中で、できるだけうまく読者にホラクラシーを体験してもらえるよう努力しよう。あなたに役割を与え、ミーティングのシナリオを通じてステップバイステップで指導しよう。直接参加してもらうのが一番だが、本書を通じてホラクラシーをかじってもらえば、自分自身で丸ごと体験する機会がきっとほしくなるはずだ。

ホラクラシーが扱う二つの領域——ガバナンスとオペレーション——のうち、まずはガバナンスから始めよう。なぜなら、組織のオペレーションはすべて、ガバナンスが構築したものの上で行われるからだ。

ガバナンスは基礎である。組織の権力の在りかであり、すべての権限や期待はガバナンス・プロセスから流れ出る。ガバナンス・ミーティングのルールは、独特の言い回しが使われ、厳格で、しかも最初は守るのにすごく骨が折れることが多い。しかし、このルールは重要だ。ガバナンスは、たった一人のリーダーを仲裁者として頼るのではなく、みんなから情報収集して検討する「統合的」プロセスを用いて、組織の大元にある事柄に対処する。そのプロセスを機能させるためには、非常に特殊なフォーマットが必要なのだ。

ガバナンス・ミーティングはすべてのサークルで通常毎月一回行われ、サークルのオペレーティングの構造を向上させることを目的としている。

ファシリテーターの役割規定

目的

サークルのガバナンスとオペレーションが憲法に沿って実践されること

責務

・憲法でサークルに必要と定められたミーティングを進行していく。

・必要に応じて、サブサークルのミーティングと記録を監査していく。また、プロセスの故障を発見したら、速やかに、憲法に規定された修復プロセスを起動していく。

セクレタリーの役割規定

目的

サークルの公式の記録と記録管理プロセスを管理し安定させること

領域

憲法で必要と定められた、サークルの記録のすべて

責務

・サークルに必要と定められたミーティングの予定を決め、サークルメンバー全員に時間と場所を告知していく。
・サークルに必要と定められたミーティングの成果を捉え、サークルの現行のガバナンス、チェックリスト項目、評価基準を図式に編集したものを維持管理していく。
・要請に応じて、ガバナンスと憲法を解釈していく。

ガバナンス・ミーティングは大変特殊な機能を担っていて、憲法は、ガバナンス・ミーティングの「成果」として認められるもの――どんな活動が含まれるか、どんな決定を行えるか――をはっきりと定めている。ファシリテーターが、この制限を理解し、遵守することを

怠った場合には、ホラクラシーの全システムが損なわれることになる。具体的にガバナンス・ミーティングに認められている活動は、

- **サークル内の役割を設けたり、修正したり、取り除いたりしていく。**
- **サークルの領域を統治するポリシーを設けたり、修正したり、取り除いたりしていく。**
- **選出されるべき役割（ファシリテーター、セクレタリー、レプリンク）を担当するサークルメンバーを選出していく。**
- **サブサークルを設けたり、修正したり、解消したりしていく。**

サークルメンバーは、ガバナンスの変更を通じて取り組んだほうがいいのはどんな種類の問題か、実践を重ねていくにつれわかってくる。もし、重要な仕事がたびたび見落とされていて、それを特定の役割の責務として追加する必要が明らかになっている場合には、おそらくガバナンス・ミーティングの対象となるだろう。また、二つの役割の間の関係が不明瞭で、ひずみや意思疎通の問題を生じている場合も、ガバナンス・ミーティングで明確にできる。役割を担当している個人が、何らかの決定をする権限がほしい場合や、他の役割の権限を制限したい場合には、これもまたガバナンス・ミーティングにかけることができる。

ガバナンス・ミーティングの対象でないのは、マーケティング戦略や来年の製品提供、その他仕事の遂行に関してチームが直面する決定だ。こういうものはオペレーションの問題で、ミーティングの外で日々取り組まれるべきものであり、時には戦術的ミーティングにかけられることもある。その戦術的ミーティングのプロセスについては次章で説明しよう。

仮想ガバナンス・ミーティング

いよいよ、あなたにもガバナンス・ミーティングのシミュレーションに参加してもらう時が来た。これに似たシナリオを、私は入門的なワークショップでよく使っている。まずは、どんなふうにプロセスが進行するのか、わかりやすいように単純な例から始めよう。

これから行う仮想ミーティングの参加者は、ホラクラシー初心者ばかりなので、通常、ホラクラシー実践のビギナーが、システム採用後の最初のガバナンス・ミーティングで遭遇する困難や学習のポイントが浮き彫りになるだろう。

説明はこれくらいにしておこう。

——ようこそ、リョーヒン・セーサク社へ。当社はお客様のあらゆるニーズに合うリョーヒンを製造販売する小さな会社だ。リョーヒン・セーサク社の組織は、「ゼネラル・カンパ

リョーヒン・セーサク社

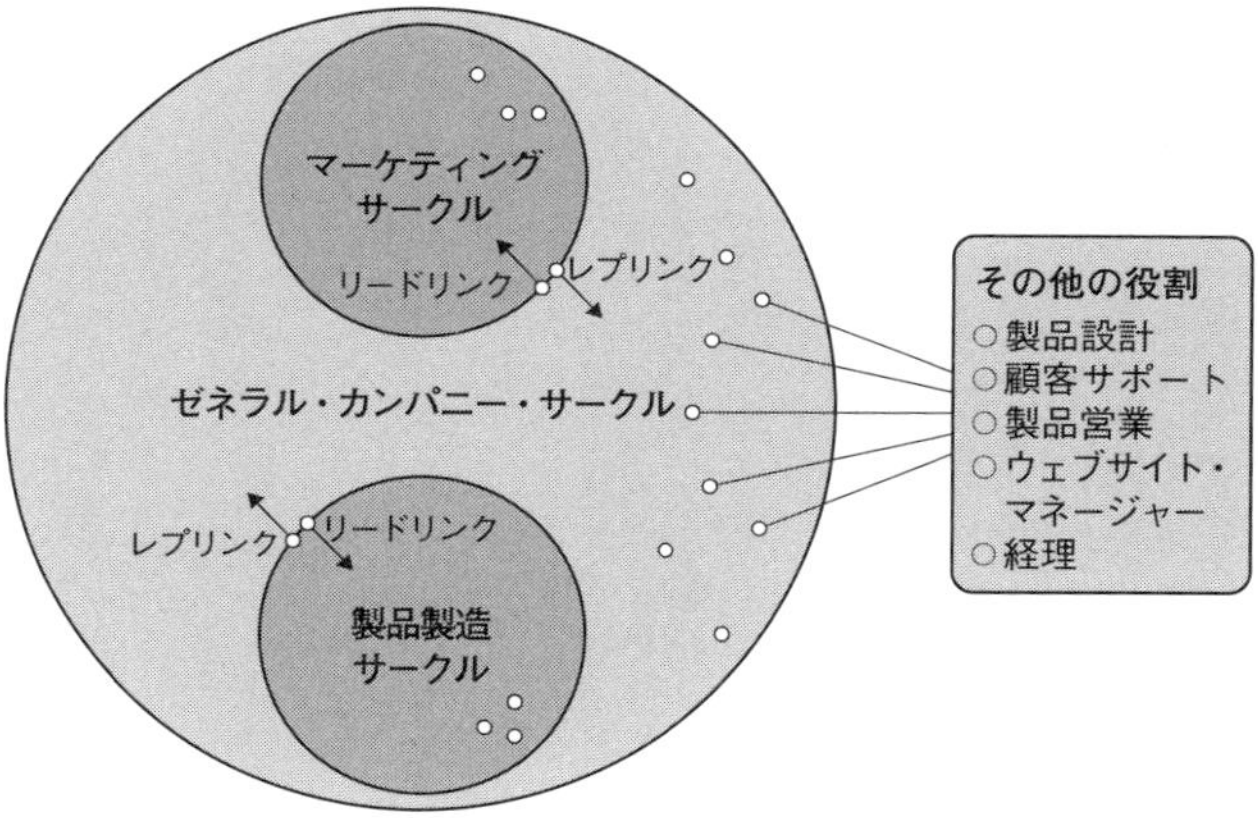

ニー・サークル」と、その中に含まれる「製品製造サークル」と「マーケティング・サークル」という二つのサブサークルで構成されている。ゼネラル・カンパニー・サークルに含まれる役割には、二つのサブサークルそれぞれのリードリンクとレプリンクの他に、製品設計、顧客サポート、製品営業、ウェブサイト・マネージャー、経理があり、それぞれの役割は1名ずつで担当している。

なにしろ、小さな会社なので。

あなたがこれから参加するのは、ゼネラル・カンパニー・サークルのガバナンス・ミーティングだ。このサークルで役割を担当する全員が、ミーティングに参加するよう連絡を受けていて、ゼネラル・カンパニー・サークルと二つのサブサークルをそれぞれつなぐリードリンクとレプリンクも出席する。
このミーティングで、あなたには「製品営業」の役割を担当してもらおう。ガバナンス・ミーティングがどんなふうに進行するのか、まず、大まかな流れをざっと見ておこう。

ガバナンス・ミーティング・プロセス

1. チェックイン・ラウンド

一人ずつ、各参加者は雑念を言い表して、ミーティングに臨む姿勢を整える。

2. 会議運営上の連絡事項

ミーティングに割り当てられた時間や、休憩の予定など、会議運営に関わる事柄を手短かに連絡する。

3. 議題構築

参加者は、項目ごとに1語か2語で、議題を追加する。各項目は処理すべき一つのひずみを表す。ファシリテーターはそれをリストにする。

4. 統合的意思決定プロセス

各議題は、「統合的意思決定プロセス」を通じて一つずつ取り組まれる。

5. 閉会

議題をすべて処理し終わるか、予定の終了時間が近づいてきたら、ファシリテーターは、各参加者にミーティングについての感想を共有してもらう。

1. チェックイン・ラウンド

ミーティングはチェックイン・ラウンドで始まる。ここでは各メンバーが、自分が抱えている雑念に目を向け、それを手短かに伝える。このラウンドの目標は、考えごとであれ、身体の不調であれ、気持ちの問題であれ、それを意識することによって雑念を振り払い、ミーティングに集中できるようにすることだ。また、これによってチームメイトに自分の状況を伝えることにもなる。もしあなたの様子がいつもと違えば、何があったのか、何が原因なのか、チームメイトはだいたい把握できるのだ。

このラウンドではほとんど何を言ってもいい。ある人は、体調があまりよくないと言う。サークルの顧客サポートの担当者は、出社する前に獣医に預けてきた愛犬のことを心配している。製品設計の担当者は、翌日に迫り来る期限のことが気掛かりで、ミーティングを早々に切り上げてしまいたいと思っている。他の人はいたって元気か、特に気掛かりなことはないようだ。このラウンドでは、自分が言いたくないことまで詳しく話す必要はない。ただ、自分の心を占めているものに意識を向け、それをミーティングの場に出すことは、みんなの雑念を振り払い、今この瞬間に意識を向けてもらうために、非常に有力な方法なのだ。

チェックインでは、話し合いは一切行わない。実際、ファシリテーターの仕事は、この「神聖な場」を守り、雑談やどんな反応も一切認めないことなのだ。これは結構難しい。思わず共感したくなったり、アドバイスしたくなるのをぐっとこらえてほしい。今はそういう時ではない。また、このルールがあると、望ましくない反応をされることも、私生活に立ち入られることもないとわかっているので、参加者は安心して心を開くことができるのだ。

チェックイン・ラウンドが完了すると、チームはミーティングにもっと身が入り、集中できるはずだ。では、準備が整ったところで、プロセスの次のステップに進もう。

2．会議運営上の連絡事項

ファシリテーターが、ごく手短かに、ミーティングに関する実務的な制約について述べる。例えば、このミーティングには90分しか与えられないことや、サークルメンバーの一人が早めにミーティングを抜けなければならない、といったことだ。このステップはできるだけ短く、会議運営上のことだけに限られる。それ以外のものは断固拒否すること。

3. 議題構築

ここで初めて、議題が構築される。ミーティングに先立って具体的な議題が決められることはなく、議題はぶっつけ本番で構築されるのだ。ひずみに対処し、サークルのためになるような形でガバナンスが修正されるよう、参加者の誰もが議題を追加できる。ただし、このステップは、ひずみについて**説明する**場ではない。今必要なのは、議題として取り上げてもらうための1語か2語だけだ。それより長いとファシリテーターに割愛される。

例えば、マーケティングのリードリンクは、eメールのニュースレター送付に関してひずみを感知している。というのも、ニュースレターに会社のウェブサイトのリンクを載せても、新製品について最新情報が出ていないことが多いからだ。しかし、今はまだマーケティングが一切の事情を説明する時ではない。ただ「ウェブサイト更新」などと議題に加え、そのひずみのために場所取りするだけなのだ。

さて、製品営業の役割を担当するあなたは、会社の製品の価格についてひずみを感じている。顧客から高すぎると言われているからだ。そこであなたは議題に「製品価格」を追加する。議題にしたい項目がすべて加えられたら、議題を一つずつ処理するため、ファシリテーターは一同を次のステップ「統合的意思決定プロセス」に進める。

4. 統合的意思決定プロセス

統合的意思決定プロセスのあらまし

提案の提示

発言者：提案者のみ。ただし協力を要請することもできる。

提案者はひずみを説明したり、それを解決するための提案を述べる機会を与えられるが、話し合いは行われない。提案者は話し合いを要請することができるが、それは提案の作成に協力してもらうためだけに限られており、コンセンサスを築いたり、懸案事項を一本化したりするためではない。

提案を明瞭にするための質疑応答

発言者：質問のある人は誰でも質問でき、提案者が回答する。これを繰り返す。

情報を求めたり、理解を深めたりするために、誰でも明瞭にするための質問をすることができる。提案者は質問に回答するか、あるいは「詳細は未定」と言うことができる。リアクションや対話は認められない。

リアクション・ラウンド

発言者：提案者以外全員が一人ずつ発言する。

一人一人、提案に対して適当と思われる「リアクション（率直な反応）」を示す機会が与えられる。リアクションは、一人称または三人称のコメントとして行われなければならない。話し合いや回答は認められない。

修正と明瞭化

発言者：提案者のみ。

提案者は、提案の意図をさらに明瞭にしたり、リアクションに基づいて提案を修正したり、あるいはそのまま次に進むことを選ぶことができる。話し合いは認められない。

反対ラウンド

発言者：提案者を含む全員が一人ずつ発言する。

ファシリテーターが「この提案を採用することにより、悪影響が生じたり、サークルが後退したりする理由（反対意見）はありませんか？」と質問する。反対意見が述べられ、検証され、記録されるが、話し合いは行われない。反対意見が出ない場合、提案は採用される。

統合

発言者：主に反対者と提案者だが、他の人も協力してよい。

反対意見に一つずつ集中して取り組む。目標はその反対意見が生じないような修正案を作ることだが、修正されてもなお提案者のひずみに対処するものでなければならない。すべての反対意見が統合されたら、修正された新たな提案を再び反対ラウンドにかける。

先ほどあなたは製品営業として、議題に「製品価格」を追加したが、いよいよそれを処理する時がやって来た。まず、**提案を提示**し、もし言いたければ、提案の原因となったひずみについても話してよい。提示する案がなければ、提案の作成に協力してもらうために、ひずみを共有して、自由な話し合いを求めることができる。

でも、今回のシナリオでは、あなたは解決策となるべきものについて、自分なりの考えがある。そこで、「基本の製品の価格を50％下げることを提案します」と発言する。さらに、事情を説明するためにひずみを共有する。「実は、お客様から価格が高すぎるという話をしょっちゅう聞いています。基本の製品は、当社のもっと高度な製品を販売するための足掛かりとなるはずなのに、それが高すぎて新規顧客を呼び込めないようでは、機能を果たしていません」　セクレタリーはあなたの提案を要約し、みんなに見えるよう記録する。

あなたの提案が議題に上ると、ファシリテーターは次のステップに移る。質問したい人は誰でも**提案を明瞭にするための質問**をする機会が与えられる。あなたの提案や、その背後にあるひずみを理解することが唯一の目的であり、まだ話し合いやリアクションの時ではない。

経理の担当者が「50％だって？　バカバカしい提案だ！」と叫ぼうとするも、ファシリテーターにビシッと遮られて言い終えることはできない。なぜなら、その口調から、これは明瞭にするための質問ではなく、リアクションや意見であることが瞬間的にわかるからだ。

今度は、リードリンクが「低価格は収益率を損なうと思いませんか？」と質問する。ファシリテーターはこれも認めず、却下するだろう。なぜなら、これは質問を巧みに装ったリアクションだからだ。提案者に意見を伝えようとするものはほぼすべてリアクションである。

明瞭にするための質問とは、提案者から情報を求めるものだけなのだ。製品設計の担当者が「提案は製品の単品価格だけのことなのか、それとも大量購入の場合も含まれるのか」と尋ねるのは、妥当な質問である。ただし、提案者であるあなたは、質問に対していつでも「提案では詳細は未定です」と答えることができるので、事前にあらゆる質問を想定して準備万端に整えておかなければ、というプレッシャーを感じなくて済む。

質問が出なくなるとファシリテーターは次のステップ、**リアクション・ラウンド**に進む。ここで各参加者は提案に対する反応を公にすることができる。ほぼどんなリアクションでも許されるが、雑談や、互いに返事をしたりすることは認められない。リアクションとは「全面的に賛成――いいアイデアですね！」とか「無茶だと思う！」とかいうものだ。価格削減はバカげているという先ほどの経理のコメントは、明瞭にするための質問としては認められなかったが、このラウンドでは歓迎される。

あなたとは違う考えを持つ人がいるかもしれないし、この提案が生まれる原因となったひずみに対応する方法として、この特定のやり方を用いることを批判する人もいるだろう。今までのステップと同じように、どんなリアクションであれ、それについて議論することも返答することもない。リアクション・ラウンドは、一人ずつ、部屋を一巡するように進み、提案者を除く全員が、リアクションを共有する順番をただ一度だけ与えられる。

リアクション・ラウンドが完了すると、ファシリテーターは提案者であるあなたに対して、質問やリアクションに基づいて、提案を適宜**修正し明瞭化する**機会を与える。また、自分が納得できないリアクションは無視し、自分の役割に「利己的」になるよう働きかける。

このステップの目標はみんなのリアクションを一本化することではなく、あなたの感知したひずみによりよく取り組めるような変更を加えること、ただそれだけなのだ。またあなたはこの場を利用して、誤解を解いたり、提案内容や提案理由について、みんなの理解が深まるように新たなデータを追加してもよい。最終的にあなたは、価格変更の意図をもっと明瞭にするために、「単価に限る」と明記するよう、提案の表現を修正することにする。

あなたの修正案をセクレタリーが記録すると、ファシリテーターは**反対ラウンド**に移り、提案に対する「反対意見」がないか各参加者に一人ずつ尋ねる。「反対意見」とは、**提案を採用すると、なぜ悪影響が生じるのか、サークルの足を引っ張ることになるのかという具体的な理由**である。述べられた反対意見は、ファシリテーターが取り上げるが、話し合いや質問は受け付けない。反対意見が出なければ、提案は採用される。

このシナリオでは、経理から「製品の価格が半額になると採算が合わないから、悪影響を及ぼす」という反対意見が出る。ファシリテーターは反対意見を取り上げ、次に進む。顧客サポートも反対意見を出す。「長期のサポートサービスも料金が高すぎるので、価格設定を見直す必要がある。価格戦略を幅広く検討する必要がある」

　このコメントを受けてファシリテーターはしばし沈黙して考える。「これは関連した事柄として合わせて取り組むべきものかもしれないが、『製品価格』に関する提案がサークルの足を引っ張る理由を表しているわけではないようだ」と。そこで「それは、本提案が悪影響を及ぼす理由ですか、それとも、ただ単に、サークルが検討すべき別の事項ということでしょうか？」と尋ねる。自分のコメントが後者に当たることに気づいた顧客サポートは、反対意見を取り下げ、自分の感知したひずみが順番に処理されるよう、議題に追加してもらう。この理由については第6章でもっと詳しく検討しよう。

　ファシリテーターは反対ラウンドを続けるが、他に反対意見はないようだ。そこで、ファシリテーター自身の反対意見を述べる。「ガバナンスの有効な成果ではない」

　いったい、これはどういう意味だろう？　実は、憲法の条項によると、提案は現状の形式では、ガバナンス・ミーティングで決定できる種類のものではない、ということなのだ。思い出してほしい、ガバナンスとは役割を規定したり修正したりすることと、ポリシーを決めることだ。

　サービスに対する具体的な価格設定を決めることは、オペレーションの問題なのである。多分あなたはこの点にとっくに気づいていて、なぜ私がこのような無効な提案を例に選んだのか、不可解に思っていたことだろう。私がこの例を選んだ理由は、これが、ホラクラシーを採用した後、いの一番に習うべき最重要ポイントの一つを示しているからだ。

それは「何がガバナンスであり、ガバナンスでないものは何か」を見極めることである。また、ホラクラシー初心者がファシリテーターを務めていると、こういう例を四六時中見るし、新任のファシリテーターが最初に掴むべきコツの一つでもある。

このミーティングはどうなってしまうのか。ファシリテーターは、さっさと提案を却下してしまうのだろうか？　それは絶対ない。ファシリテーターにはその権限はないので、そんなことをすればプロセスが台無しだ。

実は、提案はガバナンス・プロセスを進行させる**インプット**としては全く問題はなく、ただ、**アウトプット**として不適切なだけなのだ。ガバナンスにふさわしくない形の提案が行われた場合、もっと深く検討する機会が生じる。だからこそ、ファシリテーターは最初の段階で提案を制止して、オペレーションのミーティングにかけるよう促さなかったのである。そんなことをすれば、あなたの感知したひずみにガバナンスの問題が潜んでいないかどうかを見極める機会を逃してしまう。そして、ガバナンスの問題はほぼ確実に存在するのだ。

価格決定の担当者は誰か、価格変更の権限を持っているのは誰か、それがはっきりわかっていたら、そもそもグループ全体にこの提案をする必要性を感じなかったはずである。しかし、サークルのガバナンスの記録をざっと確認したところ、これを明確な責務としている人はおらず、ガバナンスの明瞭化が必要であることがわかった。「価格を決定する権限を持つのはどの役割で、この役割に必要な責務は何か？」**これこそガバナンスの問題**である。

ミーティングに戻ろう。ファシリテーターの反対意見が記録に示されると、ファシリテーターは**統合**のステップを開始する。まず、自分の反対意見を取り上げて、「この反対意見に対処するために、どのような追加や変更を本提案に加えたらよいでしょう？」と質問する。それをきっかけに自由な話し合いが始まる。この際、反対者は、必要に応じて反対意見を明瞭にしたり、反対意見が解消されるような修正案を提示したりする。

一方、提案者は、そういう修正案が元のひずみに取り組むことになるかどうか検討する。このシナリオの場合、「価格はガバナンスで取り組む問題ではない」という反対意見は明白な事実だ。そこであなたは、ガバナンスの範囲内で、自分の感知したひずみに対処するような修正案を作成するため、一同に協力を求める。

「価格決定マネージャー」の役割を新設する。

責務：

マーケティングが定めるターゲット市場に届く、収益性の高い価格決定モデルをリサーチ

し選択していく。

この新しい提案は、「価格を50％引き下げる」というオペレーション上の決定を支持するものではなくなった。その代わり、正しい決定を行うために目下必要とされている、責務と権限を規定している。したがって、これはガバナンスの成果として有効であり、反対者であるファシリテーターは、修正案により反対理由が解消されることを認める。

次に、ファシリテーターはもう一つの反対意見に取り組む。それは経理担当者が提起した「採算が合わない」というものだが、修正案はもう具体的な決定は行わない。収益性の高い適正な価格決定モデルを見つけるために、価格決定マネージャーの役割に権限を与えることが何ら問題を生じないので、反対者は満足し、すぐに反対意見を取り下げる。

すべての反対意見が解決したか、取り下げられた時点で、ファシリテーターは修正案に反対がないかどうかを確認するために、統合のステップを打ち切って再び反対ラウンドに戻る。反対意見が出なくなったら、提案はサークルの正式なガバナンスとして採用され、新しい役割が設置されることになる。

あなたの感知したひずみが意義深い、新しい明瞭な役割としてガバナンスに生かされたので、あなたはのんびりリラックスできる。もし、別の提案事項によって、せっかく快方に向かった動きが取り消される恐れが生じたら、反対意見を提起すればいいのだから。

他の議題が処理され、予定のミーティング終了時間が近づくと、ファシリテーターは**閉会ラウンド**に移り、各参加者はミーティングの感想を分かち合う機会を与えられる。この時もまた、一人ずつ順番に発言し、話し合いや返答は認められない。最後の一人が感想を述べた後、ミーティングは閉会する。


以上、仮想ガバナンス・ミーティングに参加して、普通は目に触れないが、組織の屋台骨であるガバナンスの役割を垣間見ていただけたことと思う。また、ホラクラシーのガバナンス・ミーティング・プロセスがどんなものか、感触を掴んでいただけたことだろう。

ガバナンス・ミーティングで想定される提案や統合のうちで、これはかなり単純な例だ。ひずみを解決するためにもっと複雑な提案が必要なこともあって、そういう場合は、複数の役割とポリシーに幾つもの変更が提案される。その過程で、有効なものも無効なものも含めて、反対意見も多数提起される。

第6章で、反対意見の有効性を検証する方法や、ガバナンス・プロセスを脱線させ、秩序を乱す恐れのある行動の扱い方についても検討しよう。今のところは次のことだけ心に刻んでもらいたい。「ガバナンス・ミーティングとは、特定の仕事を実行したり、具体的な事柄を決定したりすることではなく、組織の型と構造を進化させ、どんなふうにみんなが一緒に働くかを決めるもの」

そうは言っても、ガバナンス・ミーティングでオペレーション上の事柄について一切話さないというわけではない。ガバナンスの提案は、上述の例のように、普通は特定のオペレーション上のニーズや出来事が発端となっている。

何かがうまくいっていなくて気になる場合には、ガバナンス・ミーティングで明らかにされるべき改善の可能性が潜んでいるものだ。オペレーション上の事柄が提案された時に、ガバナンスとして有効な成果を生み出すポイントは、特定の事柄だけに注目するのではなく、根底にある構造へと——関係する役割や、それぞれの役割の目的、責務、領域へと——視点を移すことにある。

ガバナンス・ミーティングでは価格自体は決められないが、「価格決定の責務を担うのはどの役割か」「価格決定モデルを管理するのはどの役割か」「価格変更にあたり、相談すべき他の役割は何か」といったことは決められる。組織がスムーズに回るためには、そういう事柄を明瞭にすることが不可欠だ。

ガバナンスの問題に集中的に取り組むためにはっきりと確保された場がなければ、日々のオペレーションで手いっぱいで、ガバナンスにまで手が回らないという状況に陥りやすい。

そうなると、組織は普通りの型から一向に抜け出せない。定期的なガバナンス・ミーティングはこの型を打ち破り、組織の明瞭さと敏捷さを劇的に向上することができるのだ。

ガバナンスの記録：組織のDNA

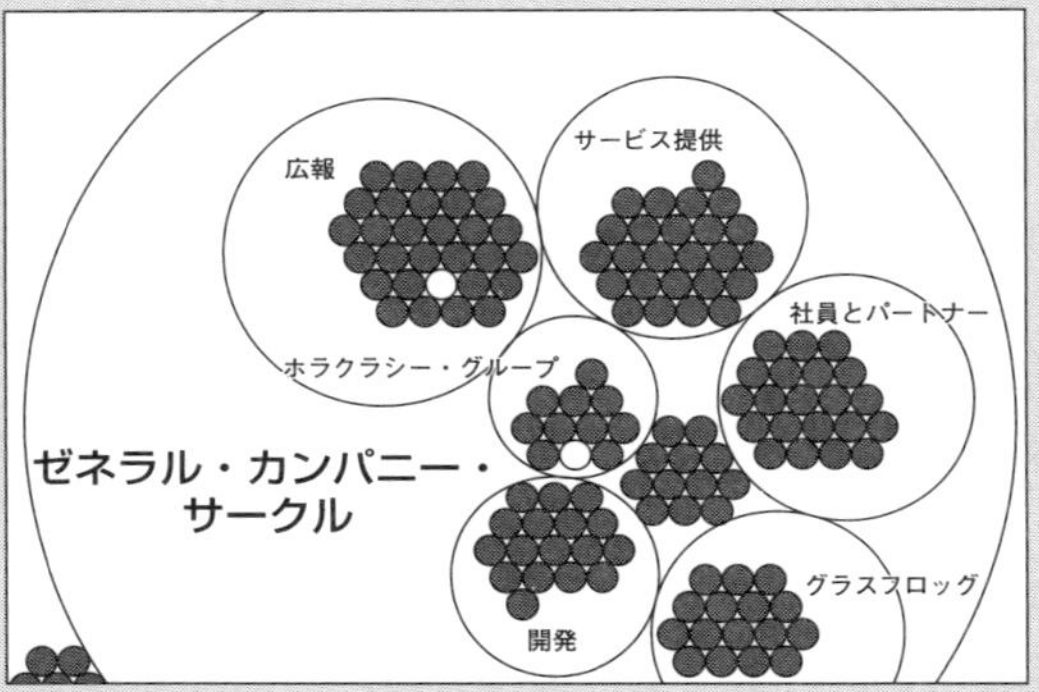

ガバナンスの記録は、組織全体の構造を詳細に表し、各役割に与えられた期待と権限を確認するのに便利だ。ホラクラシーを上手に実践している組織では、多くの人たちが記録をたびたび参照し、一日に何度も参照することさえある。もし、ガバナンスの記録が明瞭でなかったり、誰もがアクセスしやすいものでなければ、ホラクラシーのシステム全体が蝕まれてしまう。

自社で綿密にプログラムを構成できるなら、一般的なウィキ・システムや、それと類似した企業内ネットワークのプラットフォームを利用してもいいが、普通はもっと細かく構築されたツールのほうが使い勝手がいい。ホラクラシー・ワンでは、ウェブブラウザを利用したソフトウエア・プラットフォーム「GlassFrog」を提供している（詳しくはglassfrog.comを参照のこと）。最終的にあなたが他のツールを使うことになるとしても、GlassFrogに目を通し、ホラクラシーをがっちり支えるプラットフォームには何が必要かを理解しておくとよいだろう。

ガバナンスの成果

ガバナンス・ミーティング・プロセスは、さまざまなモノの見方を統合し、明瞭さを追求するのに役立つ一方、このプロセスが本当に変革をもたらすのは、その成果がミーティング後の日々の活動を形作る点にある。ガバナンスから生まれる役割とポリシーは、ホラクラシーの権力分配型システムの鍵であり、組織のデザインのＤＮＡなのだ。

ところが、当事者が自分の役割に与えられた権力が何かを完璧に理解していないと、すべてが台無しになってしまう。そんなことにならないよう、次に挙げるシンプルなルールを使って、役割規定の根底にある意味を思い出し、その明瞭さを存分に活用してもらいたい。

あなたが何らかの役割を担う場合、手持ちのリソースを使ってできるだけうまく、役割の**目的**を実現したり、**責務**を実行に移したりするために、あなた自身が有益だと判断する行動を取る**権限**を獲得する。ただし、他の役割の**領域**を侵害してはならない。

具体例を使って、このルールを説明しよう。以前、ホラクラシー・ワンの広報サークルには、「インターネットにホラクラシーの花粉を送粉する」という目的を持ち、親しみを込めて「ソーシャルメディア蝶」と名付けられた役割があった。その責務の一つは「市場において当社に注目が集まるように、素早く吸収できる面白いコンテンツを創作あるいは調達し、ソーシャルメディアとユーザー参加型ウェブサイトに投稿していく」というもの。

この役割は、広報サークルのガバナンス・ミーティングで新設され、リードリンクはパートナーのオリビエをこの役割の担当に任命した。そこでオリビエは、「蝶」の目的に一番ふさわしく、その責務を最もよく実現できる活動とは何かを自分で判断できることになった。と同時に、彼の活動が他の役割の領域を「干渉」しない限り、そういう活動を実行に移す全権限（誰の許可も必要ないということ）を与えられたのである。

例えば、「ソーシャルメディア蝶」のオリビエは、ホラクラシーに関する誰かのブログに

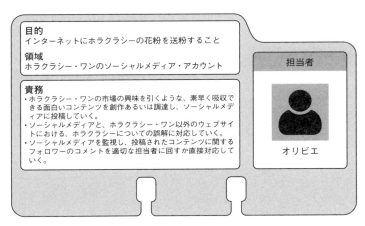

ソーシャルメディア蝶

目的
インターネットにホラクラシーの花粉を送粉すること

領域
ホラクラシー・ワンのソーシャルメディア・アカウント

責務
- ホラクラシー・ワンの市場の興味を引くような、素早く吸収できる面白いコンテンツを創作あるいは調達し、ソーシャルメディアに投稿していく。
- ソーシャルメディアと、ホラクラシー・ワン以外のウェブサイトにおける、ホラクラシーについての誤解に対応していく。
- ソーシャルメディアを監視し、投稿されたコンテンツに関するフォロワーのコメントを適切な担当者に回すか直接対応していく。

担当者

オリビエ

コメントを投稿することに関しては、自由に決断できる。でも、会社のフェイスブックに、当社の認定研修のためのスライドをリンクすることはできない。なぜなら、「認定研修のスライド」という領域は、プログラム・デザインの役割に属しているからだ。このスライドに関して、ソーシャルメディア蝶のオリビエの権限には制約がある。つまり、予《あらかじ》めプログラム・デザインの許可を得ないと、スライドをリンクするという行動を取ることができないのだ。

　逆に、広報サークルの他の人たちは、自分の役割の目的と責務を実現するために役立つと判断する行動を取れるが、会社のフェイスブックのページに何かを追加したい場合には、ソーシャルメディア蝶であるオリビエの許可が必要だ。なぜなら、「ホラクラシー・ワンのソーシャルメディア・アカウント」という領域はオリビエの担う役割に属しているからである。

このように、領域とは所有権のようなものだと考えればいい。そうすると、ホラクラシーを実践するためのアバウトなルールがもう一つ見えてくる。「自分の所有物（役割の領域）を使って、何をどうしようとも本人の自由だが、隣人の所有物に許可なく干渉してはならない」

このルールを拡大してサークルにも適用できる。「ある領域がサークルの管轄として認められている場合、なおかつその領域がサークル内の役割に委譲されていない場合、その領域はサークル内のすべての役割の『共有の所有物』とみなされ、サークル内の誰もが使用できる」この場合、領域は家族共有の自家用車みたいなもので、家族の誰もが自由に使えるが、隣人は許可なしには使えない。

ポリシー：権限の認定と制限

サークルの仕組みを決めるガバナンスの主たる構成要素には、役割の他、役割を規定する目的、領域、責務があるということをここまで話してきた。ここで、もう一つ、ガバナンスの成果として定義すべきものがある。それは「**ポリシー**」だ。

ホラクラシー憲法では、この言葉に特別な意味が与えられていて、誰もが「ポリシー」と聞いて思い浮かべるものが除外されている。ホラクラシーでは、「ポリシー」とは「サークルや役割の領域に影響を与える権限を認めたり制限したりするもの」と定義する。

つまり、サークルが管掌する領域（所有物）がある場合、サークルはガバナンス・ミーティングでポリシーを設定して、サークル外部の役割がその所有物に影響を与えることを認めたり、あるいはサークル内部の役割に対して、その所有物に影響を与えることを何らかの方法で制限したりすることができるのだ。

例を挙げよう。私の顧客だったコンテンツ発行会社では、マーケティング・サークルに「会社のウェブサイト」という領域が与えられていた。この場合、通常なら、マーケティング・サークル以外の役割は、ウェブサイトに影響することができない。しかし、マーケティング・サークルは、ガバナンスを通じて、サークル外部の幾つかの役割に特定のコンテンツを編集することを認めるポリシーを採用した。その結果、イベントを主催するサークルは、ウェブサイトでイベント情報を自由に更新できることになったのだ。

また、マーケティング・サークルは、サークルがウェブサイトに影響する方法を制限したほうがいいと思うなら、そういうポリシーを採用することもできる。例えば、ウェブサイト・エディターの承認なしには誰もコンテンツを掲載できないように、ポリシーを使って制限すればいい。ただし、領域に影響を与える権限を認めたり制限したりすることを除けば、ポリシーは決定に適したツールではない。価格設定など特定のオペレーション上の事柄や、みんなが向かうべき方向性を決定するためにポリシーを使ってはならない。

大抵、こういうものはホラクラシーのポリシーの定義に合わないし、ガバナンス・ミーティングの有効な成果ではない。また、本来は責務として定められるべきものをポリシーとして採用しないよう、注意が必要だ。ポリシーは、上述の例のように、特定の役割が行ってもよいことや、そのやり方を制限できる。しかし、誰かが何かを絶対にやるべきだと期待されることなら、それはポリシーでなく、責務とするべきだ。

サークルがガバナンス・ミーティングでポリシーを定められるのと同様に、役割に管掌する領域が与えられている場合、役割もポリシーを定めることができる。

例えば、先ほどのコンテンツ発行会社のマーケティング・サークルが、ウェブサイト・ディレクターの役割に「会社のウェブサイト」という領域を与えた場合、その領域を統治する権限は、サークル全体からウェブサイト・ディレクターという特定の役割へ、正式に委譲される。そこで、ウェブサイト・ディレクターは、サークルのガバナンス・ミーティングの枠外で（あえて言えば、ただ一名で構成される、役割自体のガバナンス・ミーティングの枠内で）、ウェブサイトを統治するポリシーを作成したり変更したりする権限を持つことになる。

サークルは後でその領域をウェブサイト・ディレクターから取り上げて、委譲を解消することができるが、それまでは、ウェブサイトを管掌し、誰がどのようにウェブサイトに影響できるかに関してポリシーを決めるのは、ウェブサイト・ディレクターの役目である。

個別行動もＯＫ

ガバナンスを通じて組織をどれほど明瞭にしようとも、自分の役割に認められた権限外で、緊急の対応を要する状況が発生することがある。そういう場合、あなたならどう対応するだろう？　ミーティングを招集するどころか、他の人に相談する暇さえなかったら？

例えば、昔こういうことがあった。私は、他社に先を越される前に、あるウェブサイトの主たるドメイン名を登録しなければならないという差し迫った状況にあった。当時私が働いていた会社は、ドメイン名の取得はすべてＩＴの役割が行わなければならないという決まりがあった。しかし、これは週末に発生したことで、月曜まで待っていたら、重要なチャンスを逃してしまったはずだ。もっと最近の話では、同僚がオフィスに飛び込んできて、会社主催のイベントで使う部屋割りを変更したのを目撃した。彼女が担う役割にはそれを行う権限はなかったが、土壇場になって、ゲストがもっと快適になるように配慮したのである。同僚は、他人の役割を侵害していることを自覚していたが、ひずみを感知し、正式な担当者が捕まらなかったので、部屋の変更は会社のために正しいことだと決断したのだった。

このようなケースでは、ホラクラシー憲法で「個別行動」が認められている。要は、ルールを破るためのルールがあるのだ。個別行動のルールによると、正式な権限の範囲外で行動することは、次の条件を満たす場合に限って認められ、憲法違反だとはみなされない。（1）その行動を取ることにより、組織のために解決されるひずみのほうが、放置した場合に生まれるひずみよりも大きいと判断できること。（2）通常の手続きで必要とされる、他の役割からの許可を取る時間がないこと。（3）その行動により、組織の経営資源や資産が、通常あなたが費やす権限のある範囲を超えて費やされないこと。

以上は要約されたバージョンなので、すべての条項と詳細は憲法を参照してほしい。ルールを超えた行動が認められるには、必然的に満たされるべき条件がある。もし個別行動を取るなら、影響を受ける役割に知らせること。また、彼らの要求に応じて、個別行動によって生じたひずみを解決するよう、修復行動を取ること。さらに、同じ個別行動を繰り返す場合は、組織の構造にそのパターンがしかるべく取り込まれるように、その行動を何らかの役割の責務として追加することをガバナンス・ミーティングで提案するか、正式な構造の枠外で行動することが止むような別の方法を見つけなければならない。

ホラクラシーの基盤

ここまでの話をまとめると、ホラクラシー憲法は、人間社会全体の基盤である二つの要素を組織に取り入れている。一つは明確なガバナンス・プロセスを通じた**法の支配**。もう一つは、明確に定義され、さまざまな役割に分配された領域に関わる**所有権**。

こうした特徴により、日々の社会生活で馴染んでいる相互に連結された自律性が実現するのだが、重要な違いが存在する。それは「領域は**あなたの役割**に所有権を認めるのであって、**あなた自身**に所有権を認めるのではない」という点だ。

ホラクラシーを導入した組織で何らかの役割を引き受ける場合、あなたが負う責任は世話役のようなものだ。役割を管掌するのは自分のためではなく、あくまでも役目のためである。あなたの仕事は、役割の所有物を管理し、役割の目的のために役割の持つ権限を行使することで、ひいては、それがサークルの目的にも、結局は組織全体の目的にも役に立つ。

役割の担当者としてのあなたの義務は、親が子供を養育する義務のように、世間を渡る自分以外の存在に尽くすという神聖な務めになる。あなた自身の自由意思で行われる、利他的な愛と奉仕の行動なのだ。

5章　オペレーション・ミーティング

口説き落とされたらそれでもうお終い。喜びは事の最中《さなか》にあるものだから。
――ウィリアム・シェイクスピア『トロイラスとクレシダ』

私がリーンソフトウエア開発の世界で学んだ教訓は「スピードアップの鍵は減速にあり」ガバナンスを行うことは減速に当たる。日々の仕事からしばし離れ、組織の型を向上させることに時間を割いて、さまざまなモノの見方を尊重しそれらを統合する。しかし、仕事を離れるのはオペレーションをスピードアップするためであり、優れたガバナンスが実現するものはまさにそれ、日々より一層効果的に、効率的に、生産的に仕事をこなすことなのだ。

ガバナンスにより、自分の責務と権限を明確に理解できるようになるので、自分に期待されることや他の人に期待してよいことがわかり、自分の役割をよりうまく果たせるようになる。トップダウンの、予測と管理方式の伝統的な組織では、不明瞭さが原因で数え切れない時間が失われるが、優れたガバナンスを持つ組織ではそういう無駄がない。

また、働く人たちはそれぞれに固有のやりがいを見つけ、それを追求する自律性と権限を与えられる。こうして、正真正銘、権限を委譲された労働力は、仕事を遂行する能力をフルに発揮できるようになる。

明瞭なガバナンスがあれば、自分が何をすべきか他人の指示を待つ必要はないし、プロジェクトを進めるために根回ししたりコンセンサスを得る必要もない。自分の責務は何か、誰から情報を得る必要があるかが、はっきりわかっているからだ。明瞭なガバナンスによって、あなた自身が最良の判断を下しながら役割を稼動し、仕事を行う権限が与えられる。

また、ガバナンスの要素に明瞭にする余地があると感じた場合には、あなたの判断で一時的にギャップを埋めることができる。その後、次のガバナンス・ミーティングでチームのみんなとガバナンスを改善し、明瞭さを高めればいいのだ。

ホラクラシーでは、ガバナンスの枠外で発生することすべてがオペレーションの領分だ。オペレーションとは、与えられた役割を担い仕事をこなすためにガバナンスで規定された構造を使うこと。また、ガバナンスが描いた「ローレーションシップ（役割同士の関係）」に基づき、他のチームメンバーと仕事を効果的に協調させることである。

もし、他の誰かが何かを怠ったためにあなたが仕事を遂行できないなら、彼らの責務や当然期待すべきことは何かを、ガバナンスの記録で確認すればよい。もし、行動を起こしていいかどうかよくわからない場合も、ガバナンスの記録を見れば、自分だけの判断で行う権限を持つのはどんな行動か、守るべき制約は何かが書かれている。

また、確かに権限はあるが、誰かにひずみを生じるかもしれないと心配な場合があるだろう。しかし、どんなひずみが生じても、次のガバナンス・ミーティングで、組織が学んだこととして有意義に転換されることがわかっているし、そもそもチームの意見であなたにその権限が与えられたのだから、安心して行動を起こすことができる。

ホラクラシーでは、ガバナンスを通じて生み出された基礎的な構造に、さらにオペレーション上の区別や、ルールや、軽めのプロセスが内包されており、チームが協同で仕事を遂行し、役割を実現することを支えている。ある程度の経験を積めば、かなり驚異的なレベルの生産性を実現できる。

アレクシス・ゴンザレス＝ブラックは、このことを見事に明らかにしてくれた。ザッポスにホラクラシーが本格導入された時、彼女は「ホラクラシー推進サークル」で複数の役割を担当していたが、このサークルは、社内のファシリテーターの研修や、４００を超える新しいサークルの始動をサポートする、かなり大掛かりなプロジェクトに取り組んでいた。アレクシスは次のように話してくれた。

「このサークルは膨大な成果を挙げているわ。認定されたファシリテーターの数を8カ月足らずでゼロから63人にまで押し上げたし、品質管理のプログラムとポリシーを新たに作成して導入した。さらに、年末までに会社全体をホラクラシーで回すことを目指すため、部門規模のホラクラシー導入のリード役をサークルに受け入れた。意表を突かれたこと？　それは、サークル内で役割を担当する人のほとんどが、自分の時間の5％程度しかこのサークルの仕事に費やしていないことね。みんなが自分の時間をほんの少しずつ出し合って、こんなに大きなことを成し遂げる能力は、まさにホラクラシーの証だわ」

ホラクラシー一流のオペレーションの世界をさらに探索しつつ、いったいどうやったらこんなにすごい生産性が実現できるのか、それを支える中核的なプロセスとルールをさっそく紹介していこう。

圧倒的な生産性の源

できるだけ回り道せずに仕事をこなすには、達成したい成果は何か、そこに到達するための次のステップは何かを明確にすることだ。ホラクラシー憲法では、達成すべき成果を「**プロジェクト**」、少なくとも競合する優先事項が存在せず、今すぐ実施できる具体的な現実の行動を「**次のアクション**」と定めている。

この定義は、『ストレスフリーの整理術』著者デビッド・アレンに拝借させてもらった。効率のよい個人の整理術について、私が知っていることはほとんど彼に教わったものだし、ホラクラシーの開発にあたっては彼の業績が重要な影響を与えている。デビッドは次のように説明する。「実際にはプロジェクトそのものを『実行する』のではなく、それに関わる段階的なアクションをこなしていくだけなのだ。適切なアクションを次々に取っていくと、ある時点で、あなたが最初にイメージした成果に匹敵するものが生まれているだろう。その状況がイメージに十分近ければ、プロジェクトの『実行完了』になるのだ」(原注11)

例えば、以前、自宅のガレージが散らかり放題だったことがあり、私は「ガレージを片付ける」という次のアクションを取ることにした。ところが、いざ時間が空いて、ガレージの片付けに取りかかれるチャンスが来ると必ず、心が回れ右してしまう。ただもうやる気が萎《な》えて、ガレージ以外のことで気を紛らわしてしまうのだった。

私の問題は、「ガレージを片付ける」というのが、次のアクションではないことだった。それは、達成したい成果であり、幾つもの具体的なアクションを取らないと完成できないもの、つまり、プロジェクトだったのだ。やる気が出なかった理由は、プロジェクトを進めるための具体的な次のアクションは何かを検討して、きちっと決めておかなかったことにある。その辺を明確にすることを人の心は頑なに拒むもので、意識して無理やりやらないとダメなのだ。

デビッドも釘を刺している。「人は、プロジェクトリストを作ることを毛嫌いする。優れたビジョンを持つ人たちは、立派なアイデアを具体的な要素に落とし込んで明確にすることが苦手だし、忙しい人たちは、それだけ活動して実際に何を達成しようとしているのかを明確にしたがらない。でも、これは最も機能的で最も重要なリストであり、これがないと、細々とした実務的な物事であふれた人生の現実に飲まれてしまうのだ」（原注12）

「ガレージの片付け」をプロジェクトとして捉えた途端、本当の次のアクションが見つかった。そこに至る思考回路はこんな感じだった。「ガレージの段ボール箱はリサイクルしたいが、ゴミ収集車で回収してもらえないほど量があるから、リサイクルセンターを探さないといけない。街のどこかにあったはずだ。きっと街のウェブサイトに出ているぞ」そこで、私の次のアクションは「リサイクルセンターをググって受付時間と住所を確認すること」

プロジェクトと次のアクションを明確に区別したら、ぐずぐずと後回しにしたい気分が吹き飛んだ。実際、次のアクションは簡単にできることだったし、すぐに達成感が得られそうだった。これを済ませてから、また次のアクションを見つけ、その後また別のものを、と続けていったら、いつしかガレージはかなりきれいに片付き、しかも途中でくじけそうになることもなかったのである。

プロジェクトと、次に取るべき行動とを切り離して考えたのがよかった。おかげで、最終的なゴールを見失わずに、次のアクションを一つずつこなしていけた。そればかりでなく、やるべき仕事をすべて頭の中で保留しておく必要がないので、ストレスと精神的なエネルギーの無駄が省かれた。その分、一瞬一瞬に完全に身を入れて集中できたのである。

プロジェクトとアクションのリストを別々に管理していると、もっと大事なことに頭を使うことができる。こんなに簡単なことだけれど、私が出会う重役たちの中には、不必要に仕事に飲まれている人や、実力以下の生産性しか発揮できない人たちがなんとも多いのだ。その一因はプロジェクトと次のアクションとを区別していないことにある。

ホラクラシー憲法は、その基本的な区別を取り入れている。ホラクラシー実践のビギナーにとって違いが際立つように、特別な形式でプロジェクトを書き表すことをお勧めする。
○×式に回答した場合、現在は×だがプロジェクト完了時には○になる形で書き表すこと。
こうすると、実際の成果は何かを明瞭にせざるを得なくなり、みんなが「プロジェクト完了」の状態をイメージしやすくなる。例えば、プロジェクトをただ「新しいウェブサイト」という名前でリストアップするよりも、実際に目指している成果に即して「新しいウェブサイトの完成」「新しいウェブサイトの始動」などと表したほうがいい。「顧客の研修」の代わりに「すべての顧客が新しいツールを習得すること」と表してみよう。前者の表現は曖昧になりがちで明瞭さに欠ける。後者なら次の単純な質問をすることができる。「このプロジェクトはもう完了したか？　まだなら、完了させるための次のステップは何か？」

プロジェクトと次のアクション

・プロジェクトとは「望まれる成果であり、複数のアクションを段階的に行うことを必要とするもの」

・次のアクションとは「現状を完成に向かわせるために必要な、次に取り組むべき、現実の、目に見える活動」

出典：デビッド・アレン『ストレスフリーの整理術』

求められる個人の整理術

ホラクラシーによる本物の権限分配により、断固たる行動を取る明確な自律性が組織中の人々に与えられ、オペレーションの舞台が様変わりする。ただし、その自律性に伴って自己管理責任も増大する。実際、ホラクラシー憲法の下では、任命された役割を引き受ける人は、特定の責任も負うことが明示されている。例えば以下のようなものだ。

・**ひずみの感知と処理**：利用可能なさまざまなチャネルを通じて、役割の目的と責務の周辺でひずみを感知し処理していく。
・**責務の処理**：役割の責務を果たすために、取りうる具体的な次のアクションを定期的に見極めたり、取り組みうるプロジェクトを策定したりしながら、責務を実行していく。
・**プロジェクトの処理**：役割の各プロジェクトを進行させる、次のアクションを定期的に見極めていく。
・**プロジェクトと次のアクションの記録**：役割のプロジェクトと次のアクションのすべてを、あなた自身の頭の中だけでなく、データベースその他の目に見える形に納めて他の人もアクセスできるようにしていく。

・**注目先とリソースの投入先**：総合的に考えて、注意を向け、リソースを投入するのに最も値する次のアクションやその他の行動を、意識的かつ継続的に選択していく。そしてその行動を実行していく。

誰もがこうした責任を果たせるようになるには、個人の優れた整理術が必要になる。手の届くあらゆる選択肢の中から、どんな時も最も適切な行動を意識して選べるようになる、軽くて柔軟な習慣を身につけることが必要だ。もし、頭の中も未決箱も「いろんなもの」でぱんぱんで、どうにかしなきゃならないとわかっちゃいるけど一向に片付かない、という毎日を過ごしていたのでは話にならない。

そういう仕事の中から、次にやるべきことをさくさくと自信を持って選べるようなシステムを使って、現実の一覧表に、処理できたすべての仕事が着実に加えられていかなければならないのだ。上述の基本的な要件を満たすような、個人が使うべき整理術をホラクラシーでは指定せず、自分で見つけなければならないとしている。いずれにせよ、優れたシステムと、それに沿った新しい習慣がともに必要になるだろう。

サークルメンバーの義務

役割の担当者としての基本的な責任に加えて、個人は同じサークルのメンバーに対して特定の義務も負っている。例えば、プロジェクトやワークフローについての**透明性**を提供すること。サークル内の他のメンバーに依頼された場合、リクエストや責務やプロジェクトを**処理**すること。自分の時間、労力、その他のリソースを**優先利用**させる特定のルールを受け入れること。全詳細は憲法に書かれているが、概要は以下の通りだ。

〈透明性の義務〉

「透明性の義務」は、チームの連携のために特に重要だ。各サークルメンバーは、他のメンバーに対し、リクエストに応じて以下の事柄に関する透明性を提供する。

1　**プロジェクトと次のアクション**：サークル内で担う役割に関して、進めているプロジェクトと次のアクションを共有していく。

2　**相対的な優先順位**：他の活動と比較して、進めているプロジェクトや次のアクションの相対的な優先順位について自分の判断を共有していく。

3　**展望**：現在与えられている情報から見て、プロジェクトや次のアクションをいつ完了できそうか、大まかな見積もりを共有していく。

4　**チェックリスト項目と評価基準**：リードリンクからリクエストされた評価基準と、他のサークルメンバーからリクエストされたチェックリスト項目について、戦術的ミーティングの場で報告していく。これに関しては、後ほどこの章で詳しく検討しよう。

〈処理の義務〉

「処理の義務」とは、役割の中で保持する義務に加えて、他のサークルメンバーからのメッセージやリクエストを処理する責務もある、というものだ。具体的には、

1　**責務とプロジェクトの処理**：責務やプロジェクトを処理するようリクエストを受けたら、それを処理して次のアクションを取るか、アクションが取れない場合は、何を待っているのかを明確にする義務を負う。

2　**プロジェクトと次のアクションのリクエスト**：具体的なプロジェクトや次のアクションを引き受けるようリクエストを受けたら、そのリクエストを検討し、それが自分の

責務のいずれかに適合するならば、その仕事を引き受ける義務を負う。

3　**領域に影響するリクエスト**：同じサークルのメンバーから、あなたが管掌する領域に影響するリクエストを受けたら、そのリクエストを検討し、もし却下する場合は、提案された行為が有害な理由を説明する義務を負う。

〈優先利用の義務〉

「優先利用の義務」は、あなたの時間や労力、その他のリソースの配分方法を、次に挙げるルールを使って制約するものだ。

1　**割り込み処理**：同じサークルのメンバーから入ってきたメッセージやリクエストの処理を、あなた自身の役割が持つ次のアクションを遂行することよりも優先する義務を負う。ただし、時間が制約された特定の仕事を除く。この義務の範囲は、明確な次のステップに**処理する**ところまでであり、ステップを取ることまでは含まない。

2　**ミーティングのリクエスト**：同じサークルのメンバーから、ガバナンス・ミーティングまたは戦術的ミーティングへの出席を求められた場合、ミーティングへの出席を、仕事（1同様、時間が制約された特定の仕事を除く）を終わらせることよりも優先する。

3　**個人のゴールよりサークルのニーズ**：リードリンクが設定する「戦略（優先順位）」に添って優先順位を決める義務を持つ。この件については後の章で取り上げよう。

戦術的ミーティング

私のビジネスパートナーの一人が言うように、「ホラクラシーがあれば、何ものにも仕事を邪魔されない」これを呪文のように唱えると、**ミーティングにかけるべきでないもの**は何かが見えてくる。もし、自分が次にやるべきことがわかっていて、邪魔するものがないなら、それをやればよい。もし、プロジェクトを進めるために話をしておかなければならない人物がわかっているなら、その人と話せばいい。

しかし、自分が何をすべきかよくわからなくて助けが必要な場合や、多忙な週で、適切な人たちと連携するチャンスがなかった場合、頼みの綱は**戦術的ミーティング**だ。これは、その週に起こったことをチームメンバーで共有化したり、前進を妨げている問題について次のアクションを決めたりするために、テンポ良く進められる話し合いの場である。

戦術的ミーティングでは、オペレーション上の問題を話し合ったり、他の役割が取り組んでいるプロジェクトの最新情報を得たり、自分のプロジェクトの最新情報を報告したり、必要な時は協力を求めたりすることができる。

戦術的ミーティングでは、チェックイン・ラウンドが済むと、まず、サークルの現状を把握するため、情報を引き出すことを狙いとした幾つかの手順を踏む。それがチェックリスト項目と評価基準の確認、およびプロジェクトの最新情報の共有で、私はこれをミーティングのイントロと呼んでいる。次に、議題がぶっつけ本番で構築される。議題は、ミーティングで取り組むべき具体的なひずみで構成される。サークルは議題を一つずつ順番に処理し、リストアップされた項目を所定の時間内にすべて処理し終えるのが目標だ。

このミーティング・プロセスを使うと、それほど熟練していないサークルでも、かなり確実に十分な成果を上げることができる。

戦術的ミーティング・プロセス

1．チェックイン・ラウンド

目標：雑念に注意を向け、発表し、雑念を振り払うこと

神聖な場であり、雑談はNG。今この時この場に集中し、ミーティングの基礎を盤石にする。

2．チェックリストの確認

目標：繰り返し行われる行動に透明性をもたらすこと

役割が繰り返し行う行動のチェックリストをファシリテーターが読み上げる。参加者はミーティングに先立つ期間（前週など）に関して、各項目のそれぞれに「チェック」または「未チェック」と回答する。

３．評価基準の確認

目標：現状のイメージを構築すること

評価基準を与えられている役割の担当者が順に、最新のデータを手短に報告する。

４．進捗状況の共有

目標：サークルの主要なプロジェクトの進展を報告すること

ファシリテーターは、各プロジェクトを読み上げ、「何か進展はありましたか？」と質問する。プロジェクトの担当者は「進展なし」と答えるか、最後のミーティング以来、進展したことを共有する。質問は認められるが、話し合いはＮＧ。

５．トリアージ（各案件について次に取るべき行動を迅速に見極め、手際よく次々に処理していくこと）

目標：すべての議題を所定の時間内に処理し終えること

まず、処理すべきひずみで議題を構築する。１項目あたり１～２語。話し合いはＮ

G。次に、議題を一つずつ解決するために
1　ファシリテーターが「何が必要ですか?」と質問する。
2　議題の提案者は、適宜他の出席者に意見を仰ぐ。
3　リクエストされ承諾された次のアクションやプロジェクトがあれば記録する。
4　ファシリテーターが「必要なものが得られましたか?」と質問する。

閉会ラウンド

目標：ミーティングで学んだことを確認すること

各参加者はミーティングの閉会にあたり感想を共有する。話し合いはNG。

情報の視覚化

ホラクラシーでオペレーションの能率を高める鍵がもう一つある。それは現状のプロジェクトや、チェックリスト、最新の評価基準が簡単に確認できるように、共有スペースを作成して表示することだ。ホラクラシーではこれを「ビジュアル管理システム」と呼んでいる。壁にコルクボードを掛けて現実のスペースを作ってもいいし、企業内ネットワーク、共有された表計算ソフト、プロジェクトのトラッキング機能を持つウェブアプリのビューなど、仮想のスペースを使ってもいい。

戦術的ミーティングがどんなふうに進んでいくか、先ほどのリョーヒン・セーサク社のプロセスを追ってみよう。**チェックイン・ラウンド**はガバナンス・ミーティングと同じ形式だ。その後、戦術的ミーティングでは**チェックリストの確認**に進む。

「チェックリスト」とは、チームメンバーが定期的に実行することになっている行動のリストだ。その頻度は、毎週、毎月、その他さまざまだが、このステップの目的は、繰り返されるべき行動が、ミーティング直前の期間に完了しているかどうかを知らせることにある。チェックリストの項目は役割の担当者本人が自分で決めてもいいし、他のサークルメンバーが役割の担当者にリクエストすることもできる。

チェックリストはシンプルだが、繰り返されるべき行動が一定期間ごとに完了されたことを確認するための強力なツールだ。少なくとも、チェックリストに追加するよう依頼された行動については確認できる。このミーティングの例では、マーケティング・サークルには「毎月メーリングリストの送付先にeメールでニュースレターを送付する」というチェックリスト項目がある。ファシリテーターがそれを読み上げると、リードリンクが「チェック」と答える。

これは、前月分の行動が完了しているという意味だ。ウェブサイト・マネージャーの役割には「毎週ウェブサイトとデータベースをバックアップする」というチェックリスト項目がある。ファシリテーターがこれを読み上げると、ウェブサイト・マネージャーが「未チェック」と言って、手短に説明する。「ウェブサイトのバックアップシステムに問題があり、プロバイダーと対応中です」

別のサークルメンバーがコメントを挟む。「あのシステムはしょっちゅう問題が起きているから、いっそのこと……」この時点で自由な話し合いは認められないので、ファシリテーターはすかさず遮って、「話し合いたいことがあれば、この場ではなく、トリアージのステップで議題として提案するように」と指示する。今は、素早くデータを得ることが目的であり、そのデータに関するひずみを提起したり処理したりする場ではないのだ。

次に**評価基準の確認**に移る。ここで、チームメンバーは、サークルの現状がイメージできるように、最新のデータを速やかに提供する。各役割が報告すべき評価基準は、サークルのリードリンクが決定する。毎週報告するものもあれば、毎月や、四半期ごとに報告するよう指定されているものもある。

リョーヒン・セーサク社のゼネラル・カンパニー・サークルの場合、月次の評価基準には、ウェブサイトのヒット数、製品の販売数、処理されたサポート事例の件数、収益などが

情報の視覚化（例）

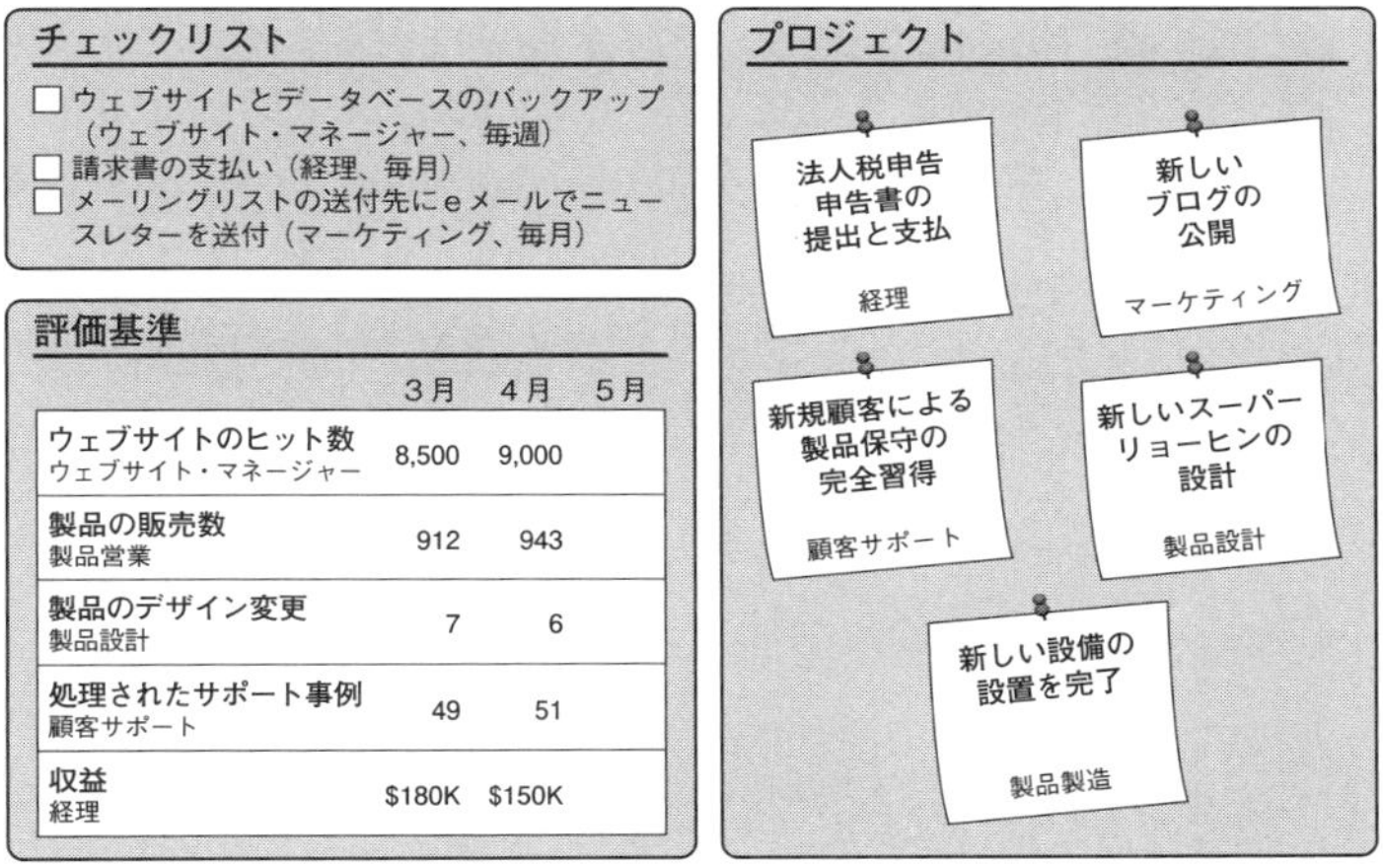

含まれる。このステップでは、評価基準についてさらなるデータを引き出すような、明瞭にするための質問が認められている。しかし、話し合いや、「こうしたらよいのでは」などの意見はここでは控え、トリアージのステップで議題として提起することになっている。

例えば、製品営業が製品の販売数を報告すると、マーケティングのリードリンクが「その販売数は、実施したばかりのｅメールキャンペーンの成果ですか?」と尋ね、製品営業が「ええ、そうだと思います」と答える。これはまともな質問だ。でもこのやりとりを踏まえて経理が「同様のキャンペーンを毎月実施することを検討したらどうでしょう」と提案しようとすると、ファシリテーターは終いまで言わせず「よろしければトリアージのステップで提案してください」と指示する。

評価基準の確認が済むと、ミーティングのプロセスは**進捗《しんちょく》状況の共有**に移る。このステップでは、チームが進めている各プロジェクトをファシリテーターが読み上げる。リョーヒン・セーサク社のプロジェクトには、マーケティングが担当する「新しいブログの公開」、製品設計が担当する「新しいスーパー・リョーヒンの設計」、顧客サポートが担当する「新規顧客による製品保守の完全習得」などがある。

一件ずつ、ファシリテーターは各プロジェクトの担当者に「何か進展はありますか？」と質問する。そこで担当者は、前回の戦術的ミーティング以来、進展したことを共有する。ただし、一般的な現状報告をしてはいけない。私が思うに、一般的な現状報告を求められると、実際の進展具合に反比例して話が長くなるものだ。というのも、プロジェクトの現状について語れば語るほど、進展の乏しさからうまく注意をそらすことができるからなのだ。

そこで、このステップでは**変化した**ことだけに注目してもらう。プロジェクトに何も変化がなければ、担当者はただ「進展なし」と回答する。マーケティングのリードリンクは、「新しいブログはほぼ完成した」と言い、レプリンクがそれを補足する。「最初の数件の投稿をちょうど校正し終えたところで、もうすぐ投稿されるはずです」製品設計は新しいスーパー・リョーヒンを設計するプロジェクトに関し、「進展なし」と報告した。顧客サポートは「新規顧客の中には休暇中の人たちがいる」と説明した後、彼らのための研修計画を詳細に述べようとするが、ファシリテーターはぴしゃりと遮って「それは進展がないということですか？」と尋ねる。顧客サポートはそれを認め「ええ、進展はありませんが、研修セッションをスケジュールするシステムを改善したほうがいい」と答える。

ファシリテーターは「その件はトリアージのステップで提案するように」と指示する。以上の「イントロ」のステップは一様に、ただ情報を引き出すことだけが目標だ。さらなる情報を得るために、明瞭にする質問は認められるが、分析したり、解決したりする試みはトリアージまで待たなければならない。

イントロ部分が終わると、チームはいよいよ**トリアージ**のステップに移る準備が整った。議題は例のごとくぶっつけ本番で構築される。ウェブサイト・マネージャーは「バックアップ・サービス」を議題に加える。マーケティングのリードリンクは「eメール・キャンペーン」を、顧客サポートは「研修の必要条件」を提議する。

イントロの段階で浮上したこういう項目に加え、普通は、前もって気がついて、ミーティングにかけたいと思っていた項目もある。経理は「ディスカウント」を議題に加える。マーケティングのリードリンクは「ウェブサイトの稼動停止時間」、ウェブサイト・マネージャーは「マーケティングの記述」を追加する。ガバナンス・ミーティングと同じように、議題は話し合うべきトピックを表すのではなく、処理すべき具体的なひずみを表している。

また、ひずみが全員のために解決されることを目指すのではなく、それを提起したサークルメンバーにとって解決されればそれでいい。もし、さらなる措置を取る必要があるなら、他の人たちは自分で議題に加えればいいのだ。

個々の議題は次の要領で処理される。担当者はみんなに意見を仰ぐ場を与えられ、ひずみが対処されるか、少なくとも快方に向かうような、次のアクションやプロジェクトが割り当てられると終了する。こうして集中的に案件に取り組むので、戦略的ミーティングはどんどん成果を生み出していく。まず、ファシリテーターは議題の担当者に「何が必要ですか？」と質問する。そこで担当者は自由に協力を求めることができる。その間、ファシリテーターは、次のアクションやプロジェクトが受け入れられたかどうかに注意し、そういう成果が出たら、セクレタリーに記録するよう求める。

それでは、ミーティングのシミュレーションに戻り、一足飛びに、顧客サポートの議題「研修の必要条件」を取り上げることにしよう。ファシリテーターに何が必要かと尋ねられ、担当者は次のように説明した。「当社製品『スーパー・リョーヒン』の使用に関する上級者研修にたくさんのお客様が申し込んでいますが、実は、必要条件となる基礎研修を受けていない人が多く、上級研修に十分な準備ができていないのです」

160

ファシリテーターは「何が必要ですか？」と質問する。「次回の研修の前に、こういう方たちに基礎的な知識を身につけてもらう手段が必要です」と顧客サポートは答える。「本当に大切なお客様なので、既に申し込みが済んでいる以上、お断りするわけにはいきません。また、今後のために、参加者が研修に申し込む前に、必要条件を満たしているかどうかを確認できるシステムに改良することが必要です」

顧客サポートの最初のニーズに製品設計が対応する。「スーパー・リョーヒンについて基本設計情報をまとめたビデオはどうでしょう。私がちょこちょこっと作りますよ。お客様にそれを見てもらえば、上級研修の下準備として役に立つはずです」　顧客サポートが激しく同意したので、ファシリテーターはそれを製品設計のプロジェクト「スーパー・リョーヒン基本設計ビデオの公開」として記録するようセクレタリーに指示した。

顧客サポートの第二のニーズはもっと複雑だ。ウェブサイト・マネージャーによると、オンラインの研修申し込みシステムの設計を変更し、必要条件の確認を追加するためのリソースが現時点ではない。「とりあえず、手作業で確認するしかないと思います」とウェブサイト・マネージャーが提案すると、顧客サポートが「ではさっそく始めていただけますか」

困惑した表情のウェブサイト・マネージャーが反論しようと口を開くが、すかさずファシリテーターが割って入り、顧客サポートに質問を投げかける。

「その活動は、少なくとも当面はウェブサイト・マネージャーに継続的にやってもらいたい、とあなたは考えるのですか?」　顧客サポートが肯定するとファシリテーターは話を続ける。「それなら、あなたは新しい責務を求めているようです。『誰かが実行することを期待できる継続的な活動』に当たりますので。責務の追加はガバナンス・ミーティングでないとできませんから、『ガバナンスに提案する』という次のアクションを引き受けていただけますか?」　顧客サポートは同意し、「この件を解決するために提案を作成し、次回のガバナンス・ミーティングにかける」というアクションが彼女に割り当てられた。

そこでウェブサイト・マネージャーが口を挟む。「ウェブサイト・マネージャーの責務にすべきかどうかはガバナンスで解決するとして、喜んで力を貸しますよ。とりあえず次のミーティングまでの間、私がやりましょう」　ファシリテーターが顧客サポートに「必要なものが得られましたか」と尋ねると、肯定する返事が返ってきた。つまり、次の議題に移る時が来た、ということだ。

次の議題「ウェブサイトの稼動停止時間」の担当はマーケティングのリードリンクだ。彼女はこう説明する。「先週、eメールのキャンペーンを開始した直後に、ウェブサイトがメンテナンスのために停止しました」　ファシリテーター「何が必要ですか?」　リードリンク「ウェブサイト・マネージャーは、ウェブサイトを停止する前に私に知らせてもらいたい」

ファシリテーターは、「それは、あなたがウェブサイト・マネージャーに期待していることですか?」と尋ね、「はい」と即答だったので、今度はセクレタリーにガバナンスの記録を出すよう指示する。

もちろん、ウェブサイト・マネージャーの役割に、現在そのような責務が与えられているかどうかを確認するためだ。ファシリテーターは続ける。「記録によるとその責務はありません。それを責務にしてほしいですか?」　再び「はい」の返事を得たので、ファシリテーターはセクレタリーに指示し、「その責務を次回のガバナンス・ミーティングで提案する」ことが、マーケティング・リードリンクのアクションとして記録された。

ガバナンス・ミーティングが開かれれば、この問題をきっちり解決する機会が与えられるだろう。しかし、ファシリテーターはその前に何かしなければと感じて質問する。「ガバナンスで長期的に解決することとは別に、戦術的ミーティングの範囲で、当面の間あなたの感知したひずみの解決に役立つことはありませんか?」　リードリンクはウェブサイト・マネージャーに「現在計画されているウェブサイトのメンテナンスのスケジュールをマーケティング・リードリンクに送る」という次のアクションを引き受けるよう依頼する。ウェブサイト・マネージャーは同意し、セクレタリーはそのアクションを記録する。「必要なものが得られましたか?」とファシリテーターが尋ねると「はい」の返事が即、返ってきた。

次の議題はウェブサイト・マネージャーからの「マーケティングの記述」。最近、会社の製品ラインナップに新タイプの製品が加わり、彼はその製品を紹介するウェブページを製作中だが、製品について記述した原稿がないという。「何が必要ですか?」とファシリテーター。「製品の概要とユニークな特徴を数百語で記述したものが必要です」とウェブサイト・マネージャー。マーケティング・レプリンクが解決策を提案する。「その製品を取り上げた新しい記事をブログ用に書いたばかりなので、その原稿を利用したらどうですか?」ウェブサイト・マネージャーがその解決策に満足したので、マーケティング・レプリンクは「ブログ記事をeメールする」というアクションを引き受け、ミーティングは続いていく。

このシミュレーションは、ホラクラシーの経験が比較的浅いチームの例だ。もっと熟練したチームメンバーだと、ひずみが、新しい責務の決定などのガバナンスの事項を指していることに大抵は気づいて、戦略的ミーティングにふさわしい事項に集中するだろう。

いずれにせよ、このプロセスを使うと、新しいチームでも、かなりテンポの速い集中的なミーティングが行える。簡単明瞭な成果を追求することを基盤にして、戦術的ミーティングはどんどん進行していく。また、議題の提案者だけを満足させることを目標に、ひずみに一つずつ取り組むアプローチなので、ミーティングが横道にそれることがない。ガバナンスの問題を切り離して進むので、ますますスピーディに、戦術的ニーズにぐっと焦点が絞り込まれる。

ホラクラシー憲法の下では、ガバナンスに変更を加えるには、ガバナンス・プロセスを通すしかない。そこで、現行の組織の型に関してひずみが表面化した場合や、継続的な期待を新たに設定したい場合には、有能なファシリテーターは必ず、次のアクションとして「その件をガバナンス・ミーティングにかける」ことを当事者に提案するだろう。ガバナンス・ミーティングなら、統合的プロセスがきちんと対処してくれるので、組織の構造に関わる深い問題に安心して変更を求められるのだ。

このように、戦術的ミーティングは、ガバナンス・ミーティング同様、選任されたファシリテーターによって、ホラクラシーのルールに則って順調に進められていく。ファシリテーターの役割は「プロセスを固守すること」。言い換えると、議題の担当者の感知したひずみから戦術的成果を上げる、ただこの一点のみに集中するという決意を貫くことである。

また、必要に応じて、ガバナンスの記録や、ガバナンスで認められた期待や権限にも注意を払う。優秀なファシリテーターは、議題を処理している間、担当者に何度も戻り、「必要なものが得られましたか?」と確認するだろう。「はい」の答えが得られたら、すぐに次の議題に移っていく。もし、話し合いをきっかけに、誰かが新しい事案を抱えることになった場合は、本人が議題に追加すれば、そのひずみも平等に処理してもらえる。

ミーティングが終了すると、セクレタリーは記録されたプロジェクトと次のアクションのリストを全サークルメンバーと共有する。これはeメールでも、記録すると自動的にお知らせが送付されるようなツールでもいい。

戦術的ミーティングのトリアージを進行させるコツ

もし、分析や議論が出尽くしたようなら……

「ここで必要な次のアクションは何ですか？」

（議題の担当者に対して）「では、何が必要ですか？」

と質問しよう。

もし、コンセンサスや同意を求めている雰囲気があるなら……

「ここで決断を下す権限があるのはどの役割ですか？」

「ガバナンスで権限を明瞭にする必要がありますか？」

と質問しよう。

もし、議題の担当者である「リーダー」を名指しする人がいたら……

「どの役割のことを言っているのですか？」

と質問しよう。

もし、より幅広いパターンや繰り返されるパターンを変更する必要があれば……

「これは組織の型としてガバナンスで取り組むべき問題ですか？」

と質問しよう。

もし、誰かが新しい期待を設定しようとしていたら……

「それはあなたが継続的に期待したいことですか？」

もしそうなら、「それをガバナンスにかけたらどうですか？」

と質問しよう。

仕事の期限はもういらない

オペレーションや仕事をこなすことに関して、最後に言っておきたい大切なことがある。

それは、仕事の期限を切る習慣はもはや時代遅れだということ。ホラクラシーでは、日常レベルで、特定のプロジェクトや行動の期限を「切らない」のが常識なのだ。例えば、戦術的ミーティングでは次のアクションを決めるが、期限を切ることはない。なぜだろう？　今日のビジネスの世界では、仕事の期限を切る習慣をつけるようアドバイスするのがごく一般的だが、私は全く逆の見方を披露しよう。期限を切ることには重大なマイナス面があり、期限に頼ると、もっとダイナミックで、現実に根ざしたアプローチが覆い隠されてしまうのだ。

取るべき行動を決める際、必ず期限を聞いたり、提示したりすることのメリットだと考えられているものは単純明快だ。それによって、「この人は本当にやるだろう」と他の人が安心感を増すし、当人のほうは「期日までにやらなくては」という意識が強まる。また、そういう約束を守れることを他の人に示していくと、時間とともに信頼が構築される。それは素晴らしいことだし、実際、いつ何時でもみんながただ、風の吹くまま気の向くままに仕事をして、誰も何も頼りにならない環境よりははるかにましである。だから、あなたに仕事の期限を放棄させて、混沌《カオス》の世界に引きずり込もうとしているわけじゃない。

ホラクラシーが機能している組織では、戦術的ミーティングやその他の状況で、あなたが担う役割の一つが次のアクションを引き受けた場合、定義上、以下の事柄を約束することになる。（1）その行動を着実に進めていく。（2）あなたの注意とエネルギーをどこに向けるべきか、絶えず分析しながら、引き受けた次のアクションと、あなたが取りうる他の行動とをきちんと比較検討する。（3）総合的に考えて、その行動があなたの取るべき行動の中で最も重要な事項になったらすぐ、しっかり実行する。

次にやるべき仕事を期日に従って選ぶと、ホラクラシー憲法の必要条件と相容れない場合が生じるが、憲法の定めは、あなたが切る期限にどんな時も勝る。したがって、あなたの注意とエネルギーをより価値の高いものに費やそうと、絶えず意識を働かせながら選んだ結果、約束の期限が守れないこともありえる。

憲法は、強く意識して優先順位を付けるよう高いハードルを設定しているので、さっさと期限を切ってただひたすら期限内に仕事を終わらせるだけでは不十分なのだ。仕事の優先順位を付ける際に社外の期日を主要なデータとして使っても構わないが、それだけでなく、周りの状況やあなたが抱えている他のすべての仕事を考慮して、絶えず意識して考えることが求められるのである。

言い方を変えよう。現実は、よくよく練った計画をぶち壊すことがままある。ワイルドで気まぐれな現実を、たとえなんとか一時的に手なずけたとしても、期日に頼るアプローチではまだ大きなコストとリスクを伴う。

例えば、私がミーティングである行動を取ることに同意したとしよう。あなたは私に「いつまでにできますか？」と尋ねる。私がちょっと考えて「火曜日までで」と答えると、あなたは満足し、こうして簡易の社会契約が成立する。ところが問題は、火曜日までにその行動を取ると同意した瞬間に、私の一日が24時間よりも長くなるわけじゃない、という点だ（そうだったらどんなにいいことか）。そこで、私の限られた時間の中で行うはずの、他のやるべき事柄のリストの中に、この行動がうまく収まる場所を見つけなくてはならない。

そのためには、何か他のものを後回しにするということだ。しかも、私がやるべきすべての行動を秤《はかり》にかけて相対的な優先順位を決めたのならまだしも、そういう行動にちらりと目をやることさえしなかった。

つまり、意識を働かせて期限を切ったと同時に、無意識のうちに優先順位を決めていたのだ。それだけではなく、私は新たなリスクも招いてしまった。組織全体の目的から見て、私にとって今この瞬間に取り組むべき最も重要なことかどうかにかかわらず、約束を守るためにやらなければならないという状況に陥ってしまうかもしれない。約束とは言っても、実質的な意味のないことが多いのだ。

期限が飛び交っていると、ただなんとなく約束を追いかける状態に陥りやすく、いつでも最重要の行動は何かを意識して選択し、それに取り組むことができない。期限を切ったからといって、その行動がやるべき最重要なことだとは限らない。場合によっては仕事を中断して、最初に約束した時点では予期していなかったもっと重要な別の仕事に対処したほうがいいこともある。

もちろん期待を再設定して対応することもできるが、そうすると余計な手間がかかるし、その分コストがかさむ。期限を切ると柔軟性が失われ、維持するために絶えずエネルギーを食う。さらに、油断ならないもう一つのコストが、迫り来る締め切りの重圧だ。精神的なストレス要因が増えるし、ふと気づけば自分で決めた「やるべきこと」と戦うべき現実との板挟みになっている。時には、締め切りを死守しなければと、限られた一日の時間の中から、仕事の時間をひねり出そうとすることがある。しかし、私たちにとって本当に貴重な休息時間を差し引いてしまうことは、負担が大きすぎて、長期的には続かない。

期限を切る習慣が楽なのは、現実が実際よりも予測可能で制御可能だと装うことができるからだ。これは一種の自己欺瞞《ぎまん》であり、私たち人間にとってこの上なく心が安らぐものなのだ。そういう仕事術が築く信頼も、この自己欺瞞を基盤としている。偽りの世界に他人を誘い込み、相手もまた、確実性が高いという感覚を抱いて安心する。これは少なくともある時点まではうまくいくが、ひどく危うい基盤に立っている。

私は、ただ単に期限を切るのをやめようと言っているわけではなく、その習慣に代わる効果的な方法を提案している。私生活でも職場でも生かせる効果的な整理術——自分にできうるすべてのことを確実に受け止められる方法で、いつどの瞬間においても、あらゆる可能性の中から最も重要なことに取り組んでいる最中だと、常に自信を持って言えるだけでなく、あらゆることを意識して、何も見失うことのない方法――を取り入れると、もはや自分がコントロールしているという幻想にしがみつく必要はない。

まずは、意識を働かせることとフロー体験（目標だけに心が集中し、自分の能力を最大限に発揮して活動に没頭している状態。例えば仕事が波に乗っていて高揚感を感じる時のこと）を支える優れた個人の整理術を採り入れることが大切だ。そうすれば、透明性や、確かな展望（約束ではなく）や、自分の優先順位に影響を与える方法を他の人に提供することにより、信頼を築くことができる。予測可能だという幻想を同僚に与える代わりに（いっぱいいっぱいで仕事をしている時に限って安請け合いしがちなのだ）、現実から一瞬たりとも目を逸らさず、必ず最も重要なことに最初に取り組むプロセスに引き入れるのだ。

では、本当に予定に入れるべき、間違いなく存在する社外の期限についてはどうしたらいいだろう？　世間にはそういう期限がゴマンと存在し、いくらホラクラシーといえども魔法のようにその事実を曲げることはできない。だが、そういう期限に合わせて仕事をやりくりする方法や、あなたが期限に間に合うよう、他の人たちに協力させるやり方を変えることになるだろう。

ホラクラシーのルールでは、たとえ自分の仕事に期限があっても、誰かに対して将来の期日を約束させることはできない。したがって、あなた自身の期限に合わせることは、あなたのほうで当事者意識を強く持って、積極的に関与することが求められるのだ。あなたに時間的制約がある場合、「いついつまでにやってほしい」と期限を切って他人任せにしてはいけない。そうではなく、あなたが必要とする成果を相手が出してくれるまでの間、彼らが持つさまざまな選択肢について質問し、例えば、あなたが関心を持つ行動の優先順位を上げてもらうなど、どれを選択するかに働きかけるのだ。

またホラクラシーは、そういう選択や優先順位にあなたが影響を与えられるようにたくさんの道を用意している。例えば、この章で先ほど説明した、サークルメンバーの義務を利用すればいい。「透明性の義務」を利用すれば、主たる情報を入手し、進捗状況を監視することができる。「処理の義務」を利用して、特定の重要な行動やプロジェクトを引き受けてもらえるかもしれない。「優先利用の義務」とは、優先順位の問題をリードリンクに検討してもらい、リードリンクの決定に他の人が従うことを期待できるということだ。

期限が迫っている場合、こういうルールやホラクラシーの他のプロセスを利用すれば、最終的には、しっかり責任を持ってあなた自身のニーズをコントロールできるだろう。また、対応が後手に回ると、他人の仕事にケチをつけたくなるものだが、同僚と早めに関わり合えば、仕事のパートナーとして働きかけることができるだろう。

期限を切らない習慣への転換は、ホラクラシー全体のスタイルにも通じている。それは、**「人は具体的な成果を出すことに責任を負うのではなく、選択を行うことに責任を負う」**というものだ。具体的な成果は、自分でコントロールできない多くの要素に影響される。でも、選択なら自分でコントロールできる。だから、具体的な成果を目指して努力している間に行われる**「選択」のほうに責任を持ってもらおう**、というのがホラクラシーの考え方なのだ。それだけでなく、ホラクラシーは、そういう選択に早めに関与して影響を与える方法を他にもたくさん用意して、誰かがまずい選択をしてしまうことを未然に防いでいる。

55分で33議題!

個人の責務、チームの透明性、柔軟で迅速な戦術的ミーティングの三つが相乗的な効果を発揮し、効率的で、順応性のある、生産的なオペレーションが実現する。先日、当社のクライアントが、ホラクラシーの戦術的ミーティングの後に受信したという、次の短いメッセージをシェアしてくれた。「55分で33議題。#ホラクラシーの勝利!」 ホラクラシーを実践している多くの人たちから、これと同じような話を聞く。以前なら到底無理だと思われたハイペースで、議題を次々と処理していけるばかりか、はるかにスローペースでミーティングをしていた時よりも、理解が本当に深まり、やる気も高まっているという。

もし、これが実現していなければ、いつでもガバナンス・ミーティングに戻って、妨げとなり、ペースを落としているひずみを処理すればいい。それを続けているうちに、仕事をただこなすだけでなく、迅速にこなしていくために必要な権限と自由が手に入るのだ。

6章　進行役の全く新しい仕事

自由を求める者は己の欲望の虜となり、
自制心を求める者は自由を手に入れる。
――フランク・ハーバート『デューン／砂丘の大聖堂』

ここまでのところで、簡単な例を使ってガバナンス・ミーティング・プロセスの基本を一通り見てきたし、ガバナンスの成果が日々のオペレーションにどのように生かされるのかもわかった。そこで今度は、もっと複雑なシチュエーションで活躍する、ダイナミックな戦法に取り組んでみよう。特に、サークル内の個人による、プロセスをぶち壊しにする行動への対処方法や、反対意見の有効性を検証する方法について検討しよう。

こうした事柄にファシリテーターの立場で臨み、ガバナンス・ミーティングを進行させるための上級テクニックを伝授しよう。それと同時に、このセクションでは、ホラクラシーで回る会社におけるガバナンスとは何か、どんな仕組みで機能するのかについて、さらに詳しく説明することになる。ファシリテーターが、このようにもっと複雑な状況にもきちんと対処できる能力は、ホラクラシーの実践が成功するために不可欠であり、他の人たちがまだゲームのプレイを学んでいる最中には特に大切だ。

前に使ったアナロジーに付け加えれば、ファシリテーターは、**ホラクラシーという新しいスポーツのレフェリー**のようなものである。プロセスを保護し、ゲームのルールを守るために作られた、中立で公平な役割なのである。

もし、あなたが既に従来のミーティングで進行役《ファシリテーター》やプロセスのコーチとして経験を積んでいたら、覚悟しておいたほうがいい。その経験をファシリテーターの役割に生かすことはおそらくできないし、実際は邪魔になることのほうが多いからだ。

従来型組織の権力構造では、優秀なファシリテーターは、グループ内のすべての人たちに気を配り、彼らをサポートして異なる見解を引き出すことができる。つまりみんなに発言権を与えることに努めるわけだ。ある意味、従来のファシリテーターは、ミーティングの間、英雄的なリーダーや親代わりになると言える。

ホラクラシーのファシリテーターの役割はまるっきり違う。あんまり違いすぎてピンとこないかもしれない。ファシリテーターとしてのあなたの責任は、みんなをサポートすることでも、みんなの世話を焼くことでもない。それは**プロセスを守ること**であり、そうすれば、後はみんなが自分のことは自分でするプロセスになっているのだ。ファシリテーターの役割に求められるのは、「礼儀正しく」とか「感じよく」ありたいという本能を押し殺すこと、そして、順番を守らず発言する人たちの話を容赦なく遮ることである。それも、彼らが自分の意見をすっかり公にした後ではダメ、最初に息継ぎをした瞬間を狙うのだ。

　そりゃひどい？　全くその通りだが、これには理由がある。このプロセスは、提案者の持つ「ひずみに取り組む能力」を保護している。また、提案者のひずみに対処した結果、他のどこかで新たな問題が発生しないように他のみんなは目を光らせている。プロセスを侵害することは、安全にひずみに対処するために提案者に与えられた場を侵害することである。これを未然に防ぐことが、ファシリテーターの仕事なのだ。このルールは、窮屈で、厳格すぎるように見えるかもしれないが、その成果として自由がもたらされる。このルールが生み出す神聖な場で、ドラマチックなリアクションに行く手を阻まれることなく、私たちの一人一人が、組織のセンサーとして思う存分行動できるのだ。

　ミーティング・プロセスが心底人間味なく感じられたら、うまく進行できている証拠だ。ファシリテーターとして、あなたは何らかの成果に向かってミーティングを押し進めるのではなく、プロセスそれ自体が本分を全うするための場を保持すればいい。情報提供を求めることもしなければ、同意を得ようともしない。プロセスが尊重されている限り、誰がどんな気持ちであろうがお構い無し——少なくとも、ファシリテーターの役割としては。あなたは中立だ。順番を守らず発言し、プロセスを侵害する人がいれば、感情や判断を挟むことなく、ただ単にプロセス外の行為をやめさせるまでのこと。しかも、心地よいタイミングを待たず、直ちに実施しなければならない。

あなたに関する限り、大事なのはこのプロセスがすべてであり、それ以外のことはこのプロセスに任せればいい。先ほど言った通り、あなたの役割はスポーツのレフェリーに似ていて、プレーヤーではなく、ゲームに仕えているのだ。レフェリーがファウルを取る時、特定の選手に対して怒っているわけではない。あなたがプロセス外の行為をやめさせる時も同じことで、本人に対して怒っているからではない。レフェリーはただ単にゲームを守っているだけであり、あなたはプロセスを守っているのだ。

この非情なプロセスを進行させることは、参加者全員にとって、まるで別世界にやってきたかのような変化をもたらすとともに、組織構造を絶えず進化させる場が確保される。このプロセスのパワーを一度体験したら、ほとんどの人は、以前のような、コンセンサスを尊重する人間味あふれるアプローチに戻ることは難しい、無理だと考える。

とはいえ、身体に馴染んだ古い習慣を捨て、一筋縄では行かない新しい習慣に乗り換えるわけだから、そこに至るまでの学習の道のりはかなり骨が折れるはずだ。私がホラクラシー・コーチや、初期のファシリテーターを務める時、私の仕事は、とにかくチームに新しいルールを守らせることである。最初は新しいルールを嫌うメンバーがいるのは珍しいことではなく、私に敵意が示されることもある。このヘンテコな新しいミーティングのやり方、意思決定の方法を守らせようとしている張本人として、時には怒りの矛先が私に向けられる。

ありがたいことに怒りはすぐに消える。一度は私の存在を軽んじた人たちも、ホラクラシーの導入から数カ月経った頃には、私に感謝の気持ちを伝えてくれるようになり、目を潤ませる人だっているくらいだ。大抵はこんなふうに態度が逆転する。ひずみの処理と意思決定を一緒に行う、この新しいやり方のインパクトを経験し、最初はルールを守ることが不愉快でも、この新しいルールが変革にどれほど重要かということを実感するからだ。

「非情さ」の効用

ホラクラシーのガバナンス・プロセスの「非情さ」はどこから来るのか。

ある程度、その源は、そもそもガバナンスで取り組むひずみの性質と、それに取り組んでいる理由にある。ガバナンス・ミーティングで処理すべき有効な提案とは、その背景にあるひずみが提案者の役割を何らかの形で制限しているものだ。また、ゴールは、その制限を取り除くことだ。提案者の役割に役立つという**理由**がある限り、提案は他の役割を**変更**することが認められている。

例えば、ある提案者の責務がやりやすくなる、あるいは役割の目的をよりよく実現する機会を利用するため、といった理由だ。この制約を徹底するために、「過去または現在に直面する実際の状況の中で、提案者の役割の目的や責務を実現する能力がどのように向上されるかを、提案を処理している際に具体的な例を挙げて示すこと」が提案者に義務付けられている。もしできない場合には、ファシリテーターはその提案を破棄することができる。一つの小さな例外は、あなたの担当でない他の役割に役立つ提案もできるという点だ。ただし、実際にその役割を担当する人が、あなたがその提案を行うことを予めはっきりと許可していなければならない。

このルールによって、一見望ましいように見えて実は邪魔になる二種類の提案が、最終的に取り除かれるだろう。第一に、根拠なく、手当たり次第「何もかも」改善しようとする試みである。もともと提案者の役目ではないことまで改善しようとしている場合が多い。アイデア豊富で頼り甲斐のある人々にこの傾向が強く、これといった改善の必要性がまだ実際に感じられないのに、ガバナンスをいじくりまわしたり、必要以上に複雑に設計したりするのに忙しくて、仕事をこなすことがおろそかになってしまう。また、自分の役割が勝手に改善されたら、担当する人にしてみれば、ありがた迷惑だという場合もある。

このルールが除外する提案の第二のグループは、提案者が組織のために担っている役割を助けるのではなく、提案者を個人的に利する試みだ。例えば、休暇制度、給与体系、出張規定などを改善する提案がこのカテゴリーに当たる。

ただし、提案者が担当する役割の目的または責務が、これらによって実際に制限されている場合を除く。どんな関係についても言えるように、自分の個人的なニーズを満たす方法を見つけ出すのは、私たちにとって大切なことだが、この場合、有益で適切な境界がある。親子関係を例にすれば、親は、子供の人生と人生におけるプロセスを、親自身の個人的なニーズを満たすためだけに濫用してはならない。

同様に、組織とその世話役である私たちとの間に健全な関係を築きたければ、自分の個人的なニーズを満たすためだけに組織の空間とプロセスを濫用してはならないのだ。

ホラクラシーで回る組織において、役割を担当する人の仕事は、組織の養育に力を貸すことであり、その逆ではない。**私たちは自分の役割と、組織そのものの世話役または受託者**なのである。したがって、組織内のガバナンス・プロセスを個人的なニーズで乱すのではなく、個人的なニーズに取り組むための、もっと適切な方法を見つける義務がある。該当する役割との雇用契約（またはそれに相当するもの）について再交渉して、具体的な合意に達してもいいし、あるいは、組織の人々に何らかの形で奉仕するという明確な責務を持つ役割に、望ましい変更を加えてもいいだろう。

組織と私たちとの関係において、個人的なニーズを満たす多くの方法があるが、ガバナンスはその一つではない。ガバナンスとは、私たちが担当する役割のためにひずみを処理することであり、それを通じて最終的に組織の目的をかなえることなのだ。

反対意見を見極めろ

ガバナンス・プロセスの仕組みを円滑に動かすことについて、もっとじっくり検討するために、リョーヒン・セーサク社のゼネラル・カンパニー・サークル（ＧＣＣ）に話を戻そう。あなたは今、サークルでファシリテーターに選出されたと想定しよう。ファシリテーター役を務めるつもりはこれっぽっちもなかったかもしれないが、私と一緒にやり遂げよう。

なぜなら、ファシリテーターの基本を学ぶと、どうしてこういうルールがあるのか、背景にある理由がよく理解できるので、あなたがどんな役割を担当しようとも、ホラクラシーを上手に実践できるからである。

あなたは今、GCCのガバナンス・ミーティングでチェックイン・ラウンドを終え、サークルメンバーに議題項目を追加するよう促しているところだ。この段階では、提案が有効かどうかを心配する必要はない。普通は、明瞭にする質問や統合の段階でそれが明白になるからだ。議題を構築している時は、とりあえずすべての項目が有効だと仮定しよう。議題構築が完了して準備が整ったら、さっそくひずみを処理するステップに移ろう。

議題項目を処理している時、ファシリテーターとしてあなたが肝に銘じておかなければならないのは、**ひずみを一つずつ処理する**という点だ。一人が事案を提起した途端、みんながそれに食らいつき、その事案にまつわる自分自身が感じたひずみを解決しようとする、そんなミーティングに参加した経験はないだろうか？　誰もが自分のほうにみんなの注意を引こうとして、あっという間に綱引き合戦が始まる。みんなが自分の問題を解決しようと躍起になるものだから、つまらないミーティングがだらだらと長引くばかりで、実際には何一つきちんと解決できなくなる。だから、**ひずみを一つずつ**、を固守しよう。

今回のミーティングでは、製品設計の役割から上がってきた具体的なひずみに取り組むことにする。あなたは「統合的意思決定プロセス」に入り、第一のステップ「提案の提示」を開始する。製品設計の役割の担当者が、まず、ひずみについて説明する。「マーケティングはいつも、製品の設計上、実現できないことまで宣伝している」と不満を述べた。マーケテイングのリードリンクが返答しようと口を開くが、その紛れもない息継ぎを目撃した瞬間にあなたは彼女を制止する。今はリアクションの時ではない、というより、実のところ、ひずみを提起した製品設計以外の人は発言できないのだ。

あなたは製品設計に、提案を提示できるか、それとも提案の作成に協力が必要かどうか尋ねる。製品設計は前者を選び、「マーケティング・サークルの既存の責務である『会社とその製品を宣伝する』という項目を拡大して、『製品の種類ごとに規定された使用目的との整合性を図りながら』という表現を含めるべきだ」と提案した。

次に、あなたは「明瞭にするために質問する」よう促す。マーケティングのリードリンクが間髪容れずに発言する。「その『使用目的』とやらは、具体的にどこから来ることになるか、考えました？　ああいうのはすごくわかりにくいし、それに――」

すかさずあなたは再び制止する。なぜなら、彼女の口調からも、言い回しからも、ただの明瞭にするための質問ではなく、むしろ質問の姿を借りたリアクションであることが明らかだからだ。あなたはファシリテーターとして、このようなよくあるシナリオに備えていなければならない。もし質問者が、何らかの見解を提案者に伝えようとしているようなら、質問者を遮り、リアクション・ラウンドまで我慢するよう指示しなくてはならない。

提案者から見解を求めているのではなく、何らかの判断であれ、ただの有益な情報であれ、提案者に対して見解を伝えようとしていれば、リアクションだとみなされる。

今度は、別のサークルメンバーがほぼ同じ質問をするが、明瞭にしたいという純粋な気持ちが表れている。「使用目的はどこから来ると想定していますか?」この質問は有効だが、提案者は必ずしも答えを用意しておく必要はないので、ただ「詳細は未定」と答えることができる。もちろん、答えてもよい。今回の場合、提案者は「設計ミーティングで使用目的を決定しているので、誰でも出席を歓迎します」と回答する。

さて、明瞭にする質問が出尽くしたようなので、リアクション・ラウンドに移ろう。あなたは、参加者を一巡するように、一人ずつリアクションを求めていく。マーケティング・リードリンクの役割を担うあなたの同僚は、自分の順番が回ってきたら、提案に対するリアクションを自由に発言してよいわけで、もちろんその機会を逃さない。

ファシリテーターとして、あなたはリアクションの中身や口調を気にかける必要はない。ただし、発言はミーティングの場に対して行われるべきもので、直接提案者と意見交換させないように注意してほしい。また、一度に発言するのは一人だけで、一人一人が順番に発言するという点も確実に守らせよう。**雑談もリアクションへの回答も一切認めてはならない**。

うっかり誘いに乗って、ミーティングを中断し、グループ内でどんな事情が渦巻いているのか報告する場を与えたり、特定の人物や見解を弁護しようとしてはならない。完全に中立なあなたの立場を守り、淡々と、一人ずつ順番にリアクションを共有させていけばよい。

すべてのリアクションが発言されたら、「修正と明瞭化」のステップに進む。ここであなたは、提案者に対し、明瞭にしたいことはないか、あるいは提案に何か修正を加えたいかどうかを尋ねる。この時点で提案者は、同僚のモノの見方を尊重するために、すぐ前のステップで聞いたことをすべて採り入れなければならないというプレッシャーを感じていることが多い。しかしそんな心配は無用だ。なぜなら、同僚の感知したひずみは同僚が自分で議題として提起すればいいのだから。そこであなたが気をつけるべきことは、提案者が自分の感知したひずみを見失わないようにすることだ。提案者が自分自身の立場に立ち「利己的になること」を勧め、自分が取り組もうとしている特定のひずみの役に立たない発言は、すべて無視するようにアドバイスしよう。製品設計の担当者は、この提案に至った背景がわかるよう、明瞭にするための一つのコメントを追加した。また、現時点では提案に満足なので、提案に対する修正は行わないと述べた。

反対意見の検証

次に、あなたは一人一人順番に質問する。「この提案を採用することにより、悪影響が生じたり、サークルが後退したりする理由は何かありませんか？」　つまりこれは「反対意見」の簡単な定義だ。単に「反対」か「反対意見なし」と答えてもらい、前者の場合は、その理由を述べてもらう。

ここでもまた、「悪影響」から守るべきものとは、目的と責務を実現するサークルの能力であり、サークルメンバーの個人的な好みやアイデアではないことを、しっかり認識しよう。したがって、反対意見とは、反対者が担当する特定の役割に関わることでなければならない。また、その役割の目的を実現したり、責務を実行したりする能力が、提案によってどのように低下するのかを説明しなければならない。こうすると、反対者の仕事に直接関係のない個人的な感情や意見によって、組織が過度の影響を受けることが避けられる。

このプロセスを上手に進行できると、もっと淡々と取り組むべき組織のガバナンスという領域に、みんなが移行しやすくなる。「リアクション・ラウンド」は、湧き起こっていた個人的な感情がどんなものであれ、それを認識し尊重する機会を生み出したが、「反対意見ラウンド」が始まる頃には、そういう感情を超えたところに焦点が移っている。とは言ったものの、**感情を利用することもできる**。感情をヒントにして、提案が私たちの役割に本当に悪影響を及ぼすかもしれない理由を探ることができるのだ。このように、個人的な感情は貴重な情報源となるが、それ自体としては意思決定の基準ではない。誰も発言を禁じられることはないが、エゴがまかり通ることは許されないのだ。

反対ラウンドは簡単なように見えて、実は難しい。ここがファシリテーターとしてのあなたの腕の見せ所なのだ。なぜなら、述べられた反対意見が有効性の基準を満たしているかどうかを見極めるために、反対意見を検証するのがあなたの仕事だからである。ホラクラシー憲法はこのために四つの基準を定めている。この基準が実践でどのように使われるのか、わかりやすいように、シミュレーションを通じて一つずつ検討していこう。

有効な反対意見とは、提案を採用することにより生じると思われる新たなひずみについて述べていて、以下に挙げる**すべて**を満たさなければならない。

Ⓐもし、反対意見に取り組まなかった場合、提案はサークルを向上させられないだけでなく、損害を与えることになる（つまり、サークルの目的を実現するための現在の能力を低下させることになる）。**なおかつ、**

Ⓑ反対意見は、提案を採用する場合に限って生じるものであり、したがって、提案が取り下げられれば存在しなくなるものである（つまり、既存のひずみではない）。**なおかつ、**

Ⓒ反対意見は、既知のデータから生じているか、あるいは、予測の場合には、重大な被害を及ぼさずに採用できる見込みはないと思われる（つまり、提案をとりあえず試してみて、必要だったら採用する、というやり方に十分な安全性がない）。**なおかつ、**

Ⓓ仮に、提案が採用された場合、反対者にとって、反対意見を提案として処理することが有効になるはずである（つまり、提案は反対者の役割のいずれかを制限するものだ）。

また、憲法では、「提案は違憲だ」とする反対意見も認めていて（例えば「ガバナンスの成果として有効ではない」など）、この場合、四つの基準を満たす必要はない。この特別なケースを別にすれば、質問をするだけで、反対意見が基準を満たしているかどうかを検証できる。

このプロセスに慣れるにはしばらく時間がかかるが、基準について理解が深まれば、かなりスムーズにできるようになるはずだ。また、反対意見を検証するために何を質問すればいいか、直感的にわかるようになる。それまでの間は、反対意見が浮上したら、ただ単に、次ページの図から質問を一つ一つ読み上げるだけでいい。バカバカしいように思われるかもしれないが、かなりうまくいくし、チーム全体の学習にも役立つだろう。

今はミーティングを続け、反対ラウンドのステップでどのように反対意見を検証していくかを見ていこう。

検討中の提案は、マーケティング・サークルの既存の責務「会社とその製品を宣伝する」に、「製品の種類ごとに規定された使用目的との整合性を図りながら」という必要条件を追

反対意見の検証方法

以下の基準をすべて満たす場合、反対意見は有効である。

A）提案はサークルの能力を低下させることになる。

反対意見は、提案がなぜ、どのように有害で、サークルを後退させるのかを述べているだろうか？

あるいは

反対意見は、より良いアイデア、その他私たちが考慮すべきものだろうか？

B）提案が採用された場合、新しいテンションを発生させることになる。

その問題はこの提案を採用することによって生じるものだろうか？（また、どのように生じるだろうか？）

あるいは

この提案を採用しないとしても、既に存在している問題だろうか？

C）反対意見が既知のデータに基づいている。あるいは、予測の場合には、重大な被害を及ぼさずに採用できる見込みはないと思われる。

反対意見は、現在知られているデータに基づいたものだろうか？

あるいは

それが起こるかもしれないと予測しているのだろうか？

もし予測なら：さらなるデータを入手した後でも、採用できない理由があるだろうか？

あるいは

いつでも再検討できるなら、提案を試しても大丈夫だろうか？

D）反対意見は役割が処理すべき有効なテンションになると思われる。

提案は役割のいずれかを制限するだろうか？（それはどの役割だろう？）

あるいは

他の役割やサークルを助けようとしているのだろうか？

反対意見として有効

以上の基準を満たすかどうかにかかわらず、
E）提案がホラクラシー憲法のルールを破る場合、
反対意見は有効である。

例「ガバナンスの成果として有効でない」
「サークルの権限外」

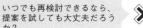

加するというものだ。最初に反対意見を出したのはウェブサイト・マネージャーだ。

「マーケティングが書いている宣伝用のコンテンツは、印刷用の広告としてはすごく良かったのですが、ウェブサイトで使うには、スタイルも長さも不適切です。だから、ウェブサイト用コンテンツのニーズに合わせたスタイルにしてもらうことも必要です」

この反対意見は上述の基準Aに照らして検証するといいだろう。ファシリテーターのあなたは、こう質問すればいい。「それは、検討中のこの提案が、有害である理由またはサークルを後退させる理由でしょうか？　それとも、この提案同様に、私たちが実際に直す必要のある別のものをあなたは感知しているのでしょうか？」

この質問の言い回しに注意してほしい。選択肢を与えると、反対者は、反対意見と別のひずみとを区別しやすくなるのだ。もし、前半部分の質問だけを尋ねたとしたら、おそらく単純に「イエス」の答えを得たことだろう。それではいずれの当事者にとっても、主張された反対意見の有効性を判別する助けにはならない。

しかし選択肢を与えられたおかげで、ウェブサイト・マネージャーは「後者です」と答え、自分の反対意見は有効ではないとあなたに告げることができた。この提案を採用することが有害である理由でも、サークルを後退させる理由でもないからだ。あなたはこれを説明し、ウェブサイト・マネージャーに「あなたの感知したひずみを別件として処理したければ、議題に追加しましょう」と促す（現在の提案が終わり次第、新しい議題を追加できる）。

さきほどの質問で、反対意見が解消されない場合もある。提案が有害である理由が存在するかもしれないからだ。もしかしたら、ウェブサイト・マネージャーは次のように答えるかもしれない。「ええ、提案は有害です。なぜなら、ウェブサイトで使えないコンテンツが既に山のように溜まっていて、この提案もそれを増やすだけだからです」

こういう展開になったら、上述の基準Bに照らして検証するために、別の質問をしてみるといいだろう――こんなふうに。「それでは、もしこの提案が完全に取り下げられたとしても、あなたが反対意見として提起しているひずみはまだ存在していると思いますか？」

もし反対者が「ええ、もちろんです！」と答えたら、彼は反対意見が有効ではないことを明らかにしたわけだ。なぜなら、この提案によって、新たなひずみが特別に生じるわけではなく、むしろ、別のひずみがシステムの中に既に存在しているからだ。

この反対意見は別件の議題項目としては完璧に有効のようだが、目下検討中の提案に対する反対意見としては有効ではない。少なくとも、使えないコンテンツが増えるという潜在的な問題に関しては、提案を採用することによりサークルが**後退**するわけではなく、ただ単に、その問題についても取り組むことができないので、**前進**させることができない、ということなのだ。しかし、サークルを前進させるために私たちが取り組もうとしているひずみはただ一つ、提案者のものだけである。

次の反対意見は妥当に思われる。「マーケティングは、使用目的の理解が不十分なので、きちんと伝えられないかもしれない」

しかし、ここでもまた、言葉の中にヒントが隠れている。この場合は、「かもしれない」という部分が問題だ。反対意見は現在の知識に基づくものではなく、予測ではないかとファシリテーターにはピンとくる。上述の基準Ⓒに照らして検証する必要があるので、こう質問しよう。「それは既知のデータに基づくものですか、それとも、それが起こるかもしれないというあなたの予測でしょうか？」

反対者は自分の予測だと答えるが、それは特に問題ではないので、重ねて次の質問をしよう。「もっとデータを入手した後でも提案を採用できない理由はありますか、それとも、いつでも再検討できるなら、提案を試しても大丈夫ですか？」思った通り反対者は「試してみても大丈夫だ」と答えたので、この反対意見は有効性の基準に満たないことがわかった。

反対意見と思《おぼ》しきものが続いて上がってくる。発言者は製品製造サークルの、いつも頼りになるリードリンクだ。「反対。マーケティングは既に非常に多くの要求に対応しているので、この提案を彼らがこなすのは現実的に難しいのではないでしょうか」

あなたはこの反対意見を基準Ｄに照らして検証する。「提案は、あなたの役割のいずれかを制限したり束縛したりするでしょうか、それとも、あなたは他の人の役割やサークル全体の役に立とうとしていますか？」

リードリンクは、提案が自分の役割を脅かすものではなく、役に立ちたかっただけだと認めた。つまり、反対意見は有効ではないということだ。ただし、マーケティングを代表する誰かが提起していて、他の基準も満たしていれば、反対意見は有効だった可能性がある。

以上の例が示すように、反対者に質問を投げかけていけば、反対意見が基準を満たしているかどうかを検証することができる。では、反対ラウンドを続けよう。

「私はこの提案は必要ないと思います。マーケティングの記述は今のままで十分ですから」と誰かが発言する。この反対意見は基準Aを満たさない。反対者は変化が必要ではないと思ったとしても、提案の結果生じると思われる何らかの被害を述べられないのなら、その意見は的外れだ。それに、提案では、記述が十分かどうかについて全く取り上げていない。ただ、使用目的との整合性を図ることについて継続的な期待を設定しているだけなのだ。

上述の基準を満たさない場合だけでなく、反対意見が根本的にホラクラシーのルールについて誤解していて、そのため実際に提案されているものについても誤解がある場合、反対意見は無効になることがある。例えば、マーケティングのレプリンクが次の反対意見を発言したと仮定しよう。「それを行うためのリソースがありません」　この反対意見には、無効であるヒントが含まれている。それは「リソース」という言葉だ。

今はガバナンス・ミーティングの最中であり、リソースの配分を決定しないし、そもそもできないのだ。責務の追加とは、期待を追加することで、その期待に従って、役割の担当者(この場合のようにサブサークルのこともある)は、まず、活動を実行するために行ったほうがいいプロジェクトや行動を定める。その上で、限られた時間とリソースを、抱えている数多くの潜在的なプロジェクトや行動の間で、どのように配分するかを意識して決定するのだ。

別の言い方をしてみよう。「使用目的と整合性の取れたマーケティングを行っていく」という責務を実行するには、例えば、そういう使用目的をマーケティング資料に直接コピペする、60秒で完了する行動を取ったり、または60分かけて、使用目的を検討し編集したり、あるいは6カ月と数百万ドルをかけて、マッキンゼーを雇いこの件を研究したりと、さまざまな選択肢がある。あなたがどれを選ぼうとも、同じ責務を実行していることになる。

ガバナンスでは、**リソースではなく意識を配分しているのだ**。その仕事の居場所を定め、リソースの配分を考える人を決めているのである。その人が、リソースを分かち合うべきあらゆるものを勘案して、限られたリソースの中から、その仕事にどのくらい費やすべきかを考え出すのである。あなたはこの事実を説明し、提案が実際にリソースを配分するものではないことを踏まえて、提案が悪影響を生じたり、サークルを後退させたりする理由があるかどうかを再び尋ね、マーケティング・レプリンクの反対意見をあっさり解消する。

今度はマーケティングのリードリンクが別の反対意見を提出する。「反対。使用目的とはいったい何なのかも、使用目的を誰に定めてもらえばいいかもわかりません」これはどこから見ても有効な反対意見のようである。もし、自信が持てなかったら、上述したような質問を使って検証すればいい。有効なら検証に堪えるはずだ。

最終的に、この反対意見は有効だと証明され、あなたはホワイトボード上に、解決すべき反対意見の一つとして追加する。でも、今はまだ、反対意見について何もしなくていい。サークルメンバー全員が、反対意見を発表する機会を与えられ、ラウンドが終了するまで待たねばならない。さて、次は製品営業の番だ。「反対。問題を生じている他の要因があるため、提案はひずみを解決することになりません」

そう言われても、提案者の立場からひずみを解決しようとしているだけなので、他の人がどう考えるかは関係ない。もし、未解決のひずみを感知してそれを解決したいなら、自分自身の議題項目として追加すればいいのだ。

そこであなたは「この提案を採用することにより、実際に悪影響が生じる理由がありますか、それとも提案はひずみを解決しないとあなたが思っているだけですか？」答えは後者だったので、反対意見は提案が悪影響を生じる理由ではなく、有効ではないとわかった。

すべての反対意見が発表され、検証されるまで、あなたは反対意見ラウンドを続けていく。反対意見を軽く検証するプロセスをガードすること、それがファシリテーターとしての務めだとしっかり認識してもらいたい。あなたの役割は、提示された論拠の有効性について結論を引き出すことではない。ただ、反対意見と思しきものに対し、科学的好奇心を持って臨み、有効性の有無が明らかになるまで検証するだけだ。

反対意見が有効かどうかを反対者の口から明らかにしてもらうのである。**なぜ**反対意見が規定の各基準を満たすと言えるのか、具体的で妥当な論拠が示される場合は、あなたがその論拠に賛成であろうとなかろうと、憲法はその反対意見を有効とみなすのである。ファシリテーターとして、各基準が満たされることを実証するような、**具体的で妥当な論拠**が示されているかどうか、それだけを判断すればいい。そういう論拠の有効性を判断する権限はあなたにはない。

すべての反対意見が発表され検証されたら、さっそく、有効な反対意見として残ったものを統合して、修正案を作成するプロセスに移ろう。

統合と修正のプロセス

この例では、有効性が確認され、ホワイトボードに記された反対意見は一つ、「使用目的とは何か、また、誰がそれを決めるのかが不明瞭である」。まず、あなたは一同をその反対意見に注目させ、こう尋ねる。「元のひずみに取り組みつつ、この反対意見を解消するためには、どんな追加や修正を提案に加えたらいいでしょうか?」

すぐに意見が出ないので、あなたは糸口を掴むため、反対者であるマーケティング・リードリンクを指名して、この質問を向ける。というのも、反対者には、統合案を見つけるよう、少なくとも努力する義務があるからだ。「そうですね、使用目的を規定するのは誰の仕事かを明確にすればいいと思います」とリードリンクは答える。さらに誰かが「製品設計の仕事にすべきです。また、社内的に公開すべきだと思います」と付け加えた。

それは責務として規定できそうなので、あなたはリードリンクにこう質問する。「製品設計に『製品の種類ごとに使用目的を規定し公開する』という責務を加えたら、使用目的は製品設計に期待すべきことだとわかるので、あなたの反対意見は解消されますか?」「はい」と即答が返ってきたので、今度は提案者に確認する。「このように追加された修正案になっても、あなたの元のひずみに対処するでしょうか?」

再び「はい」と返事を得たので、あなたは反対意見に処理済みの印を付け、セクレタリーが修正案をきちんと記録したことを確認する。修正案には、マーケティングの責務の拡大と、製品設計の新しい責務という、二点が盛り込まれることになった。

すべての反対意見が処理済みになると、統合を終えて次のステップへ進む。統合のステップが終了したら必ず、反対ラウンドに戻り、修正案を検証するとともに、新しい反対意見が出ないかどうかを確認しよう。反対ラウンドで反対意見が一つも発生しなかった時点で、提案は採用される。

社内政治もコンセンサスも必要ない

以上の例からわかるように、ホラクラシーのガバナンス・ミーティングでは、チームのメンバー全員が自分の感知したひずみが統合され解決されることを確信して、自分のモノの見方に基づいて提案をしたり、反対意見を提起したりすることができる。これは、組織が「定電圧ランプを多数決で否決する」事態を避けるのに役立つ。

なぜなら、肝心要のひずみを解決したり、誰か人の提案による被害を防止するためには、たった一人の人間がセンサーを務めるだけで十分なのだ。ただし、これはコンセンサスに基づくプロセスではない。見過ごすことのできないひずみとして扱われるためには、たった一人の人間がそれを感知すれば、たとえ他の誰も感知していなくても構わないからだ。

また、ひずみの解決策を模索している時も、みんなの個人的な合意や賛同を求めているのではない。それぞれ担当する役割の見地から、提案が有害か、サークルを後退させるかどうか（サークルの目的を実現する能力を低下させるかどうか）に関するデータを集めているにすぎない。あらゆるひずみを処理できる本物の統合性を求める人は、コンセンサスを必要とするプロセスとは対極の方向を目指している。また、コンセンサスに基づくプロセスと違い、エゴや恐れや集団思考に、組織の目的を妨害されることもない。

ただし、いくらペースの速い統合プロセスだとはいえ、逐一このプロセスを使えばとんでもない時間の無駄になるだろう。日々の仕事の中で直面するほとんどの決定は比較的シンプルで、リスクはほとんどないからだ。

だから、「統合的意思決定プロセス」は、基礎的なガバナンスの領域においてのみ使用され、オペレーション上の決定には使われないのだ（ただし、ガバナンスの決定により明らかに必要な場合を除く）。

したがって、ホラクラシーの統合的意思決定プロセスは、特定の分野を独裁的に支配するための空間を規定し、その支配が及ぶ適切な境界を定めるものだ。例えば、製品ラインを担当するサークルが、製品の価格設定に関する分析や決定全般を担当する役割を設置したとしよう。その役割に「製品の価格設定モデルを決定していく」という責務が割り当てられた場合、役割を担当する人が誰であれ、その仕事を遂行する権限が付与されることになる。

ただし、サークルはその権限に伴われる制限や、別の期待を設定することもできる。例えば役割の担当者に対し、ターゲットとする消費者プロフィールに合わせた価格設定をするように求める場合、このプロフィール自体は他の役割が策定するものなので、役割の権限が制限される。また、望ましい価格設定モデルとは、採算性の高いものだと期待できるよう経理の評価を得ることを求める場合もあるだろう。そのような制約は、追加の責務の形を取ることもあれば、「価格設定モデルを決定していく」という責務に表現を付け加える形も取れる。あるいは、別のポリシーとして捉えることも考えられる。

統合的プロセスを使って、役割の責務と権限が具体的に規定されると、その仕事の担当者としてガバナンス・ミーティングの外でサークルの仕事をこなし、具体的な決定を行う権限がサークルメンバーに委譲される。それと同時に、統合的意思決定プロセスを拠り所にして、サークルメンバー全員が日々の仕事の中で自然に発生するひずみに応じて、そういった権限の許可や制限をさらに磨き上げていくことができる。

こうしたプロセスの構造とルールにより、ひずみは確実に処理され、サークルの目的達成にしっかり役立てられる。また、プロセスを破壊する行為に出る幕も与えないし、そんな行為が行われたとしてもビクともしないのだ。

人間のレベルで言えば、定期的なガバナンス・ミーティングによって、チームの感情表現がガラリと変わる。ガバナンスが不明瞭だと、誰が何をどんな方法ですべきかについて、みんなが暗黙の期待を持ったままだ。はっきり規定されたガバナンス・プロセスがないと、暗黙の了解が衝突した場合、他人のことを悪いほうに解釈したり、責任を押し付けあったり、という状況に陥りやすい。

あるいは、そういう問題を避けるために、もっぱら社内政治で丸め込んだり、コンセンサスを築いたりして、暗黙の期待に沿うようみんなにプレッシャーをかける。ひとたびガバナンス・ミーティングが導入されれば、チームメンバーが期待の食い違いから抱く不満を、組織の学びへ、継続的な改善へと昇華させる場ができる。

また、チームで仕事をする場合には共有の規範が必要だが、それを定めるはるかに効果的なプロセスが手に入る。政治を弄《もてあそ》ぶことはその利用価値を失い、個人的なドラマは影を潜める。その代わり、組織のゴールと世界における組織全体の目的に照らして、しっかり意識して組織を進化させていく方法について、本格的な議論が始まるのだ。

7章　ホラクラシー流の戦略とは

現象学的な複雑系において、未来に影響する要因があまりにも多いと、科学的手法はほとんど役に立たない。天気について考えてみればわかる。たかだか2、3日先の天気さえ正確に予測することは不可能なのだ。
——アルベルト・アインシュタイン『アインシュタイン選集3　アインシュタインとその思想』

ここまで説明してきたオペレーション上の画期的な枠組みは、個人個人が自分の仕事と責任を管理し、優先順位をつけることに大きく依存している。だが、組織全体はもちろん、まずはチーム内できちんと整合性を取るにはどうしたらいいだろう?

ホラクラシーで回る組織では、権限が本当に分配され、英雄的な究極のリーダーが存在しないので、お互いの活動だけでなく、**組織の目的を実現するために今必要とされるもの**と、

みんなの活動との整合性を図ることが不可欠だ。その方法の一つとして、戦術的ミーティングはもちろん役に立つが、それとは別に、意思決定の指針となり、みんなを同じ方向に引っ張ってくれる重要な要素がある。

それは戦略だ。優れた戦略があれば、何を優先すべきか、オペレーション上でどの道を進むべきかに関し、私たちの日々の選択はより良いものになる。

この戦略という観念と切り離せないのが、未来の一点を見据えることだ。しかし、未来に働きかけようとする時はいつも、私たちは危《あやう》い立場に立っている。非常によくあることだが、企業戦略は「未来は確実に予測できる」という誤った概念の上に築かれている。

予測可能性の幻想について説得力にあふれた著作を持つナシーム・ニコラス・タレブは、次のように述べている。「未来のことはわからないので、本当の意味で計画することは不可能だ。だが、これは必ずしも悪い知らせとは言えない。それなら、そういう限界があることを肝に銘じて計画すればいいのだ。ただしこれには度胸が要る」（原注13）

エリック・バインホッカーも同じように指摘している。「企業のリーダーに期待されているのは、勇敢な将軍として未来を予測し、壮大なる戦略を立案し、部隊を栄光の勝利へと導くことであり、ただの小競り合いでも負けた途端にクビになる。よほど勇気のある経営者でない限り、この考え方に異を唱え、未来はそもそも不確かであることを認め、予測と計画よ

りも学習と適応を重視することはできない」（原注14）

タレブとバインホッカーの指摘の通り、従来型組織を取り巻く状況では、戦略とは予測と制御の発想の本質そのものだ。戦略を策定する場合、私たちはまず正しいゴールを定め、次にそこに至る道を設計する。そのアプローチ全体が思い込みに立脚しているのだ。予測できる可能性のあるものも存在するが、絶対に予測不可能なもののほうが断然多い。

経済や特定の業界が未来にどんな状況に置かれているかを知ることはできないし、将来どんな発明が市場を分裂させることになるのかも、どんな機会が生じているのかも予見することはできない。こういう予測できるはずのないものを予測しようとして、たびたび虚しい努力が注がれている事柄を指摘するよりも、確実に予測できることを至極短いリストにまとめるほうが、実際のところよっぽど簡単なのだ。

予測不可能な世界の中で、未来を予測しようとする時、私たちは自分自身を欺いているだけではない。もっと厄介なのは、現実を感知し対応する能力を抑制することだ。「私は5年後にXになっているはずだ」のように、「はず」という言葉を課す場合、あなたはその成果に執着を生じている。執着があると、現実がその方向に向かっていない場合や、達成しようと最初に設定したものと矛盾する機会が生じた場合、感知する能力が十分に発揮されない。

こういう窮状をわかりやすく説明するために、私のお気に入りのメタファーを使おう。このメタファーは、何年も前に、アジャイル・ソフトウエア開発手法を使う仕事で入手したもので、伝統的な戦略に比べ、ホラクラシーのアプローチがいかに画期的か、両者の違いを際立たせてくれるはずだ。その後で、ホラクラシー憲法で定める「戦略」とは何か、また、戦略をどのように仕事に生かせばよいか、基本的なポイントを学んでもらおう。

大多数の現代組織が経営されているやり方で自転車に乗ることを想像してもらいたい。あなたはまず、大きな会議を招集して、ハンドルをどの角度に保つべきかを決める。また、できる限り詳しく行程を表した地図を作るだろう。既知のすべての障害物や、それらを避けるためのコース変更に必要な、正確なタイミングと角度も考慮に入れるだろう。

それが済むとあなたは自転車にまたがり、計算された角度を厳守してハンドルを持ち、目を閉じ、計画通りに進路を取る。たとえかろうじて転倒することなく旅を終えたとしても、目標地点に到達する見込みはないだろう。転倒したら「なんで一回でちゃんとできなかったんだろう?」「ヘマをしたのは誰だ?」などと思うかもしれない。

多くの組織が戦略の策定に用いているアプローチも、このバカげたやり方と似たり寄ったりなのである。それとは対照的に、ホラクラシーを基盤とする組織は、ダイナミック・ステアリングの理論的枠組みを使い、ごく普通に自転車に乗るやり方に近い感覚で運営される。

ダイナミック・ステアリングとは、**現実のフィードバックに照らして、絶えず調整すること**

であり、より有機的で突発的な道を走行するのに役立つ。サイクリストを観察してみると、一流のサイクリストでさえ、微妙ながらも絶えず進路をうねらせているのがわかるだろう。

乗り手は、自分の現在の状態と環境について感覚フィードバックを絶えず取り込み、方向、スピード、バランス、空気力学にわずかな修正を加えているのだ。うねりが生じるのは、環境と装備からくる多くの制約を守るために、乗り手が迅速なフィードバックを利用して、前進しながら動的平衡を保っているからである。「正しい」道を前もって正確に予測することに大量の時間とエネルギーを浪費する代わりに、サイクリストは自分の目的を念頭に置き、一瞬一瞬に身を入れて、前進しながら最も自然な道を見つけていく。

とは言っても、プランがないわけでも、少なくともある程度ルートを想定していないわけでもない。ただ、刻々と変わる現実に絶えず身を委ね、**自分が持つ「今この瞬間に感知し対応する能力」を信頼することによりコントロールは高まる**のであって、決して弱まることはない。同様に組織においても、もっと執拗に現実に向き合い、絶えず適応すれば、制御性を高める機会が手に入るのだ。

予測された具体的な成果に執着すると、現実が予測と一致しない場合、現実と真っ向からぶつかりあって身動きが取れなくなる恐れがある。自分自身で設定した道を歩んでいないことに気づくと、時には無意識のうちに、「こんなはずはない」と結論付けることがある。

そういうふうに現実を捉えると、現実の変化に対応する私たちの能力が発揮できなくなるばかりか、歓迎されない現実に歯向かいたい気分に駆られて、自分が予測したビジョンに現実のほうを無理やり合わせようとする。今日のビジネス界の目まぐるしく変化する複雑な環境を航海するには、この戦略はあまりにお粗末だ。私たちが練りに練ったプランと現実とが衝突する時、勝つのはいつも現実のほうなのだ。

注意しておくべきことがある。「ハンドルを操作をしない」と自転車に乗れないのと同じで、制御性を高めるもっとダイナミックなアプローチを取り入れるのは、単に「予測をしない」こととは全く違う。

思い込みも時には有益であり、ただ、組織を制御するための主要なツールではないという認識を持って、予測と計画に対する私たちの関わり方を変えることが大切だ。また、現実に反応しながら絶えずハンドルをさばけるように、今この時この場所に完全に身を入れることである。ダイナミック・ステアリングが首尾よく行けば、組織とその内部の人々は、道を究めた武道家やいわゆる悟りの境地に至った人のように、日々何が起ころうとも動じることなく、今という時としっかり向き合って行動することができるのである。

ホラクラシーの基本的なルールとプロセスには、動的制御プロセスが取り込まれている。既にお気づきかもしれないが、ガバナンス・ミーティングや戦術的ミーティングで常に中心にあるのは、**実行可能な決定に迅速に達すること**であり、その後は現実が次のステップを知らせてくれるのを待つ。理論的に最善の決定を魔法のように呼び出そうとしても、結局どれもイマイチで、ああでもない、こうでもないと思い悩むだけだから、現実に任せるのが一番なのである。

ガバナンスの基本ルールでは、どんな決定でも、いつでも見直すことができる。このため、チームは討論とプランニングを素早く終えて、決定されたことを現実の世界で実際に検証し、結果から学ぶことができる。現実と向き合い、フィードバックを統合する絶え間ないプロセスを通じて、最初は未完成だった構造も、たちまち実際のニーズにぴったり合うようになる。多くのプロジェクトをはじめとして、オペレーション上の他の事柄についても同じことが言える。

これだけ忠告してもまだ、伝統的な戦略策定をやりたいと言うなら、ホラクラシー憲法は確かにそれを禁じてはいない。ただし、ホラクラシーのルールとプロセスの下では、他人の行動を予め定められた目標へと向かわせることは非常に難しい。未来を予測したり、制御したりすることが、誰一人義務付けられていないからだ。

実は、憲法は代替的なツールを幾つか用意していて、それらを利用すれば、戦略に沿ってもっとダイナミックにチーム全体の整合性を取ったり、優先順位を統一したりすることができる。それが次に取り上げるテーマだ。

予測ではなく展望を持つ

理想の未来へ至る完璧なルートを地図に記すのは無理かもしれないが、航行上の方向づけの原則を幾つか見つけることならできそうだ。私たちの行く手にあるのはどんな分岐点かを正確に予測しようとするのではなく、実際に分岐点にやってきた時に、最善の決定を行うために役立つのは何かを考えればいい。

少し下がってより広い視野に立ち、目の前の状況と全体的な地形と選択肢を眺めれば、大抵は、「だいたい東へ向かえ」とか「近道よりも楽な道を選べ」などの指針を考え出せるものだ。私たちが何らかの選択に迫られて、かつて得た知恵を生かしたい場合、このような経験則があると本当に役に立つ。その知恵は、後退して、大局的な状況を分析する余裕があった時に生み出されたものだ。それを凝縮して、覚えやすい指針を作っておけば、日々の仕事に追われる慌ただしい毎日の中でも、楽々と繰り返し適用できる。

そこで、ホラクラシーにおける戦略もこういう形を取る。つまり、戦略とは「刻一刻と行われる意思決定や優先順位の決定に役立つ、覚えやすい経験則」である（そういうルールを専門用語では「発見的問題解決法《ヒューリスティックス》」という)。

決定をサポートするこういうルールは、「XよりもさらにYを重視せよ」のような単純な言い回しで表現すると便利だ。ここでXとYとは、それぞれ別の、潜在的価値のある活動や、重視するもの、焦点、ゴールである。

役に立つルールを作るには、もし、Xに「ネガティブなこと」を、Yに「ポジティブなこと」を入れたら、当たり前すぎて役に立つルールにはならない。「顧客を怒らせることよりも顧客サービスを重視せよ」というのは役に立つアドバイスとは言えない。あなたの現在の状況を考えて、当面はどちらを優先すべきかの判断を仰ぐのだから、XもYもともにポジティブなことでないと、戦略として意味がないのだ。

例えば以前、ホラクラシー・ワンの成長期に、「新規開発・新規共同制作よりもさらに、記録と標準化を重視せよ」という戦略があった。どちらの活動も、組織が取り組むべきポジティブなものであるが、それだけでなく、二つは対極的な位置にあり、互いにひずみを生じ合う関係であることに注目してほしい。

ホラクラシーの戦略は、普遍的な価値のある陳述ではない。実際のところ、無期限に適用しようとしたら、最終的に深刻な損害を生じることは間違いない。記録や標準化よりも、新規開発や新規共同制作のほうを重視することが必要不可欠になる時期もあるだろう。

しかし、ホラクラシー・ワンにとって、当時の会社の状況やそれ以前の直近の経緯、果たそうとしていた目的を考慮して、少なくともしばらくの間優先すべきものは何かを考えた時、「ワクワクするような新しい機会を追求することを犠牲にしても、標準化を進めなければならない」というのが、私たちの出した最高の答えだったのだ。

もちろん、新規制作することに反対する人は一人もいなかった。私にはそれが最も自然な経営方法のように感じられる。

当社が成長し始めた最初の数年間、開催したどのイベントも研修も他に類のない特別なもので、主催者となり、ホラクラシーの売り込みに一役買うことを申し出てくれたさまざまなパートナーとの共同開催で、臨機応変に創り出したものだった。

これは、私たちが足を踏み入れようとしていた新しい土地を探索するのに役立ち、そこからたくさんの動きや、幾つかの大切な関係が生まれた。しかしやがて、ワクワクするような新しいイベントを生み出す傾向は、当社の成長期におけるある特定の局面では、持続不可能になったのである。新しいイベントがどれもみなカスタムメイドの製品で、どのパートナーともユニークな企画を練り上げる必要があると、コストが高く付く。

そこで、バランスを正し、効率性と持続性を高めて組織を安定させるため、先ほど引用した戦略に到達したのである。当社の一人一人が直面した、日々のさまざまな決定をこなしていくにあたり、この戦略は有益な指針となり、ポイントが絞られていたので効果的だった。最終的には、この二極をかなりうまく統合して調和点を見つけたため、この戦略は無用になり、他のことに焦点を移す時期を迎えた。

標準化優先の戦略が役立てられた例を示そう。当社のホラクラシー教育サークル内にある、私の役割「プログラム・デザイン」において、ホラクラシーのことをどこかで聞いて、感銘を受けた人からeメールをもらうことが時々ある。その人が属する特定の業界に合わせた、新しいタイプのイベントを共同で制作したいという趣旨のものだ。

こういうチャンスが来ると私はワクワクするが、この時は戦略を思い出し、「当社の成長期における今のこの時期には、たとえこの新しい機会を逃すことになっても、既存のプログラムとイベントの標準化に私の時間とエネルギーを投入するべきである」と判断して、はやる気持ちを抑えることができた。

カスタマー・リレーションの役割は、以前に答えたことのない質問を受けた時に、標準化優先の戦略を役立てた。さっさと返事のメールを打つ代わりに、次に同様の質問を受けた時に一から始めなくて済むように、わざわざ時間をかけて回答を標準化して記録し、場合によってはウェブサイトの「よくある質問」のコーナーに追加したのである。

予測と展望の違い

ホラクラシーの戦略の捉え方は、予測に頼ることを嫌うものだが、将来の見通しを立てたり、先を読んで考えることがすべて無意味だと言っているわけではない。この点に関しては、prediction（予測）とprojection（展望）の違いを理解しておくといい。「predict」の語源は、ラテン語の「prae-（前）＋dicere（言う）」であり、文字通りには「前もって言う」や「予言する」という意味だ。一方、「project」の語源は、ラテン語の「pro-（前へ）＋jacere（投げる）」であり、「前方へ投げる」という意味だ。前方へ投げるためには、スタート地点である今の現実にしっかり立脚していなければならない。出来事がどこへ向かっているのかを大まかに把握するために、現実のデータを入手し「それを前方へ投げる」と、自分の置かれた状況への理解が深まることが多い。それは、将来、現実がどうなっているかを「予言する」こととは別物なのである。

戦略ミーティング・プロセス

ホラクラシー憲法では「個人は、サークルのリードリンクが設定する戦略に沿ってオペレーション上の決定を行わなければならない」と定めている。有益な戦略を考え出すためにどんなプロセスを使うのかは、各リードリンクに一任されている。

状況によっては、単にリードリンクの個人的な判断に基づいて戦略を設定すれば十分で、そうしたほうがいい場合もあるだろう。もちろんこうすると、他の重要なモノの見方や有益な洞察を見落としてしまう恐れがあるし、サークルの中で日々仕事に励むみんなで結集した知恵を活用することもできない。

そこで、リードリンクは、戦略を発表する前に、ブレインストーミングのようなプロセスを利用して情報収集してもいい。あるいはホラクラシー流の戦略を定義するために特別に設計された、もっと本格的なグループ・プロセスもある。

私が仕事をしたサークルや組織の中で、リードリンクが専制的に戦略を設定できる権限を制限するために、そういうプロセスを義務付けるポリシーを採用したことがある。

憲法では戦略策定のためのプロセスを一切指定していないのだが、当社では、自分の組織の中で長年にわたりさまざまなプロセスを実験してきたし、クライアントの試みも手伝ってきた。その結果考え出されたのが、汎用性の高い「戦略ミーティング・プロセス」である。

私の経験では大抵のサークルでかなりうまく機能するので、情報収集して戦略を策定するための効果的な方法を探しているなら、選択肢として考慮することをお勧めする。

戦略ミーティングはサークルごとにほぼ6カ月に一度開かれ、だいたい4時間くらい、場合によっては5、6時間かかることもある。このミーティングの目標は、全員がサークルの位置を見定められるように、サークルの最近の経緯と現在の状況を描き出すこと、その上で、チームが未来に向かって舵取りをするのに役立つ戦略を見極めることである。典型的な戦略策定プロセスが、具体的なプランを模索するのに対して、この戦略ミーティングは、日々の意思決定の支えとなるような、役に立つ経験則を見つけようとするものだ。

具体的な「正しい航路」を地図に描くのではなく、旅の間チームを導く、適切なコンパスを装備させるのである。以下はこのプロセスの概要だ。

戦略ミーティング・プロセス

1　チェックイン・ラウンド

2　オリエンテーション

サークルの目的・領域・責務、スーパーサークルの戦略の確認

3　回想

・各参加者は黙って内省し、注目すべき事実、データ、出来事、経緯がないか考える。

・それをメモに書いて壁に貼り、共同で整理する／関係するものをグループ化する。

・主要なメモを説明／明瞭化し、内省を共有する。その間に提起された主要なひずみをファシリテーターがリストにまとめる。

4　戦略の生成

・各人が個別にアイデアを考え、壁に貼る。「これらのひずみを考慮した時、重視すべきものは何か？」

・共同で話し合う。「将来的に考えて、どんな戦略を指針とすべきか？」

・リードリンクが戦略を提案する。これは統合的意思決定プロセスにかけられる。

5　戦略のインストール

・各参加者は個別に内省し、自分の役割で取り組むべきプロジェクトと次のアクションを考える。

・各参加者は一人ずつ自分の考えを共有し、情報やアイデアを求める／収集する。

閉会ラウンド

1　チェックイン・ラウンド

ガバナンス・ミーティングと戦術的ミーティングと同じように、戦略ミーティングもチェックイン・ラウンドで始まる。

2　オリエンテーション

チェックイン・ラウンドが終わると、ファシリテーターはサークルの目的、領域、責務の他、サークルの外側のスーパーサークルにより定められた戦略を改めて確認する。この短いオリエンテーションは、これがどういうサークルなのか、達成しようとしていることは何か、また、サークルの置かれた状況と関連する戦略について、全員を注目させる効果がある。

3　回想

回想の目的は、あなたがどうやって現時点に到達したか、現在どのような風景が見えるかに考えをめぐらせることだ。関連性のあるポイントを捉えて壁に貼るが、この段階では、湧き上がるイメージを評価したり、何をすべきかを話し合ったりしてはいけない。ただ、現状がしっかりとイメージできるまで、いろいろな事柄を拾い上げてポイントを抑えること。

このステップの進行にとても役立つ方法がある。チームメンバーに特大の付箋を配って、一枚に一つずつ、大きな文字でポイントを書いてもらうのだ。参加者はみんなに見えるよう付箋を壁に貼り、その後、すべての付箋を分類して整理し、関連するポイントを自然なまとまりのあるグループに分ける。ファシリテーターは付箋のまとまりごとに、一つずつ、コメントや明瞭化や考察を求め、この間に表明されたひずみを記録する。

4 戦略の生成

次のステップは、一人一人が「これらのひずみへの取り組みに役立つような、日々重視する価値のあるものとは何だろう?」という質問をじっくり考え、自分の持つアイデアをメモすることである。ここで注意してもらいたい。聞かれているのは、具体的な行動やプロジェクトや新しいガバナンスを使ってひずみに取り組むことではなく、一般的に大事なこと、適用すべき経験則なのだ。

普通は、一人当たり2、3件のアイデアが出て、直前のステップ同様、大型の付箋に書いて貼る。ホラクラシー・ワンの初期の戦略を確立したミーティングでは、こういう付箋が最初に貼られた時、何らかの方法で標準化を重視する必要があることが明らかになった。なぜなら、言い方は違っても、多くの提案が標準化に触れていたからである。

提案が貼られたら、提案を収斂《しゅうれん》していくための話し合いが始まる。具体的な戦略を考え出すため、「重視すべきものは何か?」「意思決定の指針とすべきはどんな戦略か?」を徹底的に討論する。この時、戦略の形式として私がお勧めした形式を思い出してもらいたい。

「**XよりもさらにYを重視せよ**」

この公式の「**Xよりもさらに**」の部分にかなりのパワーが秘められている。この部分がないと、ある事柄を強調しようとしても、大して意味合いが強まらないし、役に立たないのだ。

「記録・標準化する」だけでは、いまいちインパクトに欠けるが、「新規開発・新規共同制作よりも」と並置された途端に、やるべきことが見えてくる。対極にあるものを明確に表現すると、意思決定を助けるパワフルなツールが突如現れるのだ。

当社の仕事先のサークルでは、セールスとマーケティングのやり方を変更したいと考えた。そこで、「追いかけること**よりもさらに**、確かに惹きつけることを重視せよ」という戦略を設定した。単なる心得としてなら後半部分だけでもよかったかもしれないが、前半部分があるおかげで、優先順位の変更に関して、はるかにインパクトが強くなった。

話し合いが自然にまとまって結論が出たら、あるいは、戦略がほぼ完成して、細かな言い回しをこれ以上推敲するのは時間とエネルギーの無駄だとリードリンクが判断したら、リードリンクは討論を終了させ、具体的な戦略を提案する。この提案は、ガバナンス・ミーティングと同様の、統合的意思決定プロセス（p199参照）にかけられる。

5 戦略のインストール

新しい戦略が確立したら、一人一人が「私の役割において、新しい戦略をよりよく実行するために何ができるだろう?」としばらく考え、その結果生じたアイデアを記録する。全員が考察を終えたら、参加者は一人ずつ自分のアイデアを共有し、他の人たちは情報提供や、さらなる提案をしてもよい。この結果、数々の新しいプロジェクトや取るべき行動が生まれ、さらに、次のガバナンス・ミーティングにかけるべき議題も浮上する。

6 閉会ラウンド

ガバナンス・ミーティングと戦術的ミーティングと同様に、戦略ミーティングも、最終的な反省のための閉会ラウンドで終了する。

——このようなミーティング・プロセスを使うと、新しいやり方で戦略と関わる習慣を身につけやすくなる。また、静的な予測と管理方式から、動的な舵取り《ダイナミック・ステアリング》の方法へと、チームが移行しやすくなる。

これは、新しい原則やリーダーのやる気だけで実現するものではなく、組織の中核的なプロセスを大転換させるホラクラシーのようなシステムの中で、一所懸命実践を重ねなければならない。このように、システムとプロセスがアップグレードされると、ほとんどの組織は、現代の複雑な世界を航行するための能力を飛躍的に成長させることができる。

そして、往来の激しい道をステアリングする一流のサイクリストのように、優雅に、流れるように、意識して、大胆に舵を取っていく。

進化を宿すためには

本書の冒頭の章で、ホラクラシーで回る組織とは、単に進化を経たというだけでなく、**進化し続ける**組織だと申し上げた。それは、人間の意識が持つ、感知する能力の途轍もないパワーを発揮することにより、適応し学び統合することができる組織だ。また、エリック・バインホッカーがビジネスにおけるたゆまぬ改善の鍵と言っているもの「『進化を宿すこと』、分化、淘汰、増幅の車輪を企業の**内部**で回し続けること」を、ホラクラシーが実現することも説明させてもらった。

ここまで、ガバナンスの機構についても、ダイナミック・ステアリングの基本原理についても取り上げてきたので、今度はこの本質的なポイントに戻り、ひずみを柱とする定期的なガバナンスが、企業の内部でどのように進化のパワーを解き放つのかを探ってみよう。

「進化はデザインを創造する。もっと的確に言うと、試行錯誤のプロセスを通じてデザインを見つけ出すのだ」とバインホッカーは述べている。「進化とは、可能性のあるデザインが詰め込まれたほぼ無限大の果てしなく広い空間の中から、ほぼ無限小のわずかな割合で存在する、それぞれの特定の目的と環境に『適応する』デザインを探索する手法である」つまりバインホッカーは進化を「探索アルゴリズム」として説明している。(原注15) 現代の進化論は、この探索アルゴリズムの魔法で進化のデザイン力が解き放たれるために必要な、次の四つの要素を特定している。

・デザインのコード化
・そのコードを実現させる方法
・そのコードを変化させる方法
・デザインの「適応度」を検証する方法と、適応するデザインを増殖させる方法

私たちが進化と聞いてごく普通に連想する生物学の領域で、これらの要素がどのように現れるのかをざっと確認してみよう。

第一の要素はコード化だ。ＤＮＡにはデザインがコード化されている。第二にそのコードを具現化する方法が必要だ。それは私たちの細胞の役割であり、細胞はＤＮＡを解読し、ＤＮＡが示すデザインを具体的な形で世界に現す。第三に、そのコードを多様化させる方法が要る。哺乳類では有性生殖と突然変異がそれに当たる。第四に、デザインの「適応度」を検証し、適応するデザインを選択する方法。適応したデザインが、受け継がれ増殖する一方で、不適応のデザインは間引かれて取り残される。生物学の分野では、これは自然淘汰として知られている。それぞれの環境に適応したデザインが生き残り、それが再生され増殖される。それに対し、適応度の低い近縁種は数が減りついには絶滅する。

これらの四つの要素が出現し、連携して機能する時、クリエイティブなプロセスが解き放たれる。一見奇跡のような「デザイナーなきデザイン」は、この地球上の実に多様な生命を生み出した。進化はコードを受け取り、それを具現化する。結果を検証して、適応するデザインを増殖させ、それ以外のものを間引いていく。それだけでなく、さらに優れたデザインを見つけるため、コードを変化させていく。

このプロセスは、より一層デザインを洗練させたり、クリエイティブなデザインを出現させたりしながら、反復的に続けられていく。私がホラクラシーを「進化的だ」と言うのは、進化と同じ四つの要素を通じて、組織の中にこのアルゴリズムをもたらすからである。

私が「ホラクラシーの原動力は進化だ」と言う時、それは単なるメタファーではない。組織のガバナンスの成果は、組織のデザイン――役割、責務、領域、ポリシー――をコード化したものだ。

ホラクラシーで回る企業のオペレーションでは、私たち「役割の担当者」がそのコードを解読して、それを具体的な形で世界に現す。その結果は、適応度関数（子孫を残す能力を判定するために用いられる関数）を使って検証されるが、ホラクラシーの場合、適応度とは、無駄を最小限に抑えて組織の目的を実現させる能力のことである。

適応したデザインは選択され保持される。与えられた目的にとって、デザインが理想に満たない分だけひずみが表面化するだろう。そこでコードを変化させる方法を与えてくれるのが、私たち人間が持つ〝ひずみを感知しガバナンス・ミーティングで処理する能力〟である。

私たちは、ガバナンス・プロセスを通じて感知されたひずみを一つずつ処理しながら、組織のデザインを進化させていく。ガバナンスを通じて、逐次取り入れられるデザインの変更の一つ一つが、私たちの組織のコードに新しい変異をもたらしてくれるのだ。

さらに、変異はそれぞれ具体的な形で現され、同時進行するプロセスの中で検証される。その間、進化を原動力とする革新的な組織は前進を止めることはない。ホラクラシーでは、たった一人の人間が組織をデザインするのでも、たった一つのグループが机を囲んで組織をデザインするのでもない。組織のデザインとは、進化的アルゴリズムから出現した成果なのである。しかもそれは良いことなのだ。

なぜなら、適応するデザインを見つけることにかけては、私たちよりも進化のほうがはるかに優秀だからである。

第3部

進化を宿せ
[さあ、ホラクラシーを始めよう]

8章　ホラクラシーを導入しよう

あらゆる種類の大組織は、三点セットの先天性障害――変わる気がない、革新性がない、面白みがない――を患っていて、ちまちまとした治療をいくら重ねても完治できるものじゃない。

――ゲイリー・ハメル『コア・非コンピタンス経営』

ホラクラシーがどういうものか、ビジネスというゲームにおけるあなたの日々の体験をどれほど様変わりさせるものか、少なくとも感触を掴んでいただけたことと思う。ひょっとしたら、ますます興味津々になり「うちの会社もこんなふうに回したいが、どうやって移行させたらいいだろう?」と思案しているかもしれない。

この章では、ホラクラシー導入にまつわる幾つかのトピックを取り上げ、その後、あなたの組織やチームにホラクラシーを導入するプロセスを一通り説明しよう。また、ホラクラシーが提供する基盤の上にどんなものが築けるか、幾つかのアイデアも紹介しよう。その後、最終章では導入の話題に戻り、ホラクラシー実践の1年目に遭遇するはずの、乗り越えなくてはならない課題や変化について検討しよう。

ホラクラシーについて学んでいる人たちから受ける質問で非常に多いのは、「ホラクラシーのシステムの一部だけ、例えばミーティングの形式だけを採用することはできますか？」というものだ。これは無理もない質問である。ホラクラシーは大転換だから、とりあえずお試しサイズで始めたいという気持ちはよくわかる。

しかし答えはきっぱり「ノー」だ。新しいパラダイムの恩恵なんかいらない、ホラクラシーが実現するディープな転換を経験する必要はない、というのなら、もちろん、ミーティングの効率だけを上げることはできるだろう。しかしそれだけでは**ホラクラシーではない**。ホラクラシーとは新しい権力構造へのシステム変更であり、権限が、管理職により保持され委譲されているか、ホラクラシー憲法により保持されているかの二者択一なのだ。どんなルールとプロセスが使われるのかを管理職が宣言するのか、あるいは管理職は憲法に束縛され、もはやそんな宣言を行う権限を持たないか、二つに一つなのである。

ホラクラシーを細切れにして採用しても、権力構造を変えることにはならないし、権力構造の転換にこそ、ホラクラシーの本当のポテンシャルが潜んでいる。言い方を変えれば、ホラクラシーの一部だけを採用する場合、依然として「採用する部分を選ぶのは誰か？」という問題が残る。そして、既存の権力構造に直ちに逆戻りしてしまうのだ。

そうは言うものの、現状では、今すぐにホラクラシーを丸ごと採用することがどうしてもできない場合、心配には及ばない。ホラクラシーの多くの手法と教訓は、従来型の組織の中でさえかなり役に立つから、そういうあなたのために次章で幾つかアドバイスしよう。しかし、できることなら、憲法を中心にした権力構造に移行することから始めるのがベストだ。また、本当の恩恵を受けるためには、一気に全パッケージを取り入れなければならない。

全パッケージを導入するというのは、最初から完璧に実践しろ、という意味ではない。初めてのスポーツ、前に取り上げたサッカーを習う場合を例にしよう。

6歳児のサッカーのコーチをしている場合、まずはルールを一つか二つだけ教えて、試合までに完璧にマスターしてもらおう、というわけにはいかない。すべてのルールをできる限り守るよう指導するはずだ。選手たちは優雅に巧みな技を使ってプレイするわけじゃないが、サッカーをしていることに変わりはない。また、実践を重ねてうまくなるのだ。

ゲームを実際にプレイすることにより、いつの日か高校レベルにも、大学レベルにもなるだろうし、ひょっとしたらワールドカップでプレイする日だって来るかもしれない。ホラクラシーも同じだ。あなたのスキルのレベルにかかわらず、一度にすべてのルールを取り入れて学ぶ。そして、最初はどんなにぎこちなくても、ゲームをプレイすることにより、実践を重ねてうまくなっていくのである。

考慮すべきオプションはもう一つある。ルールの一部だけを取り入れても、ホラクラシーを本当に実践することにはならないが、**会社の一部だけに、すべてのルールを取り入れることはできる**。

例えば、一人のマネージャーがホラクラシーを採用したいと考え、組織全体を巻き込みたくない場合がある。こういうケースでは、そのマネージャーがホラクラシー憲法を採択し、憲法に権限を委譲する。ただし、憲法で言及される「組織」とは、マネージャーが率いるチームや部門だけに限られる。最終的には全組織が後に続こうと計画している場合でも、こういうふうにまず会社の一部で導入するのはいいやり方だ。特に規模の大きな組織では、まず一つの部門や事業部で試験導入してみてから組織全体で開始する、というのは珍しいことではない。

あるいは、計画されている全社展開に先立ち、社内でホラクラシーのスキルを構築し、経験を積むという目的で部分導入する場合もある。ザッポスのアプローチがそうだった。一つの部門でホラクラシーを試験導入し、その後、自前のホラクラシー導入サークルを新設して全社的な展開とファシリテーターの養成を監督したのである。

会社の一部にホラクラシーを導入する理由が何であれ、そうすると何らかの摩擦を生じる可能性があることを忠告しておこう。一つのチームや部門で、人々が感知するひずみを処理する新しい道を設置し終えると、チームの境界の外側では同じようにできないので、メンバーは不満を募らせるかもしれない。また、管理職を中心に行われる従来型の評価や解雇のプロセスなど、組織全体のシステムとホラクラシーの新しいアプローチとが部分的に相容れない場合にも、課題に直面するだろう。

私のクライアントで、まず試験導入から始めた企業は、そういうこと以外にもさまざまな課題――ある企業では「二つの世界を生きる」上での課題と呼んでいたが――を解決するために、結局、全社的展開を前倒しすることになったところが少なくない。いずれにせよ、導入のプロセスをすべて前もって予測し制御する必要はない。今の状況のままで始められるし、まずは憲法を採択し、成り行きに従ってひずみを一つずつ処理しながら、導入のプロセスを取り入れていけばよいのだ。

「人間のコミュニティー」と「組織」は別モノである

私がよく受ける別の質問は、「社会的なグループ、コミュニティー、活動を運営するためにホラクラシーを使えますか?」というものだ。

この場合、答えは微妙だ。ホラクラシーは組織のためのガバナンス・システムであり、人々のグループのためのものではない。ご承知のように、ガバナンス・プロセスに認められているのは、組織の〝仕事〟と〝役割〟を統治することだけで、〝人々〟は統治できないのだ。この表現の中で、「組織」とは人々と違う次元にある存在で、実現すべき固有の目的とやるべき仕事を持ち、その仕事をしている人々の役に立つだけの存在ではない。

組織とは

・**境界**によって範囲が規定され、関与する人々とは別に、所有物とプロセスを持つ。境界とは組織が制御し規制する「領域」のことである。

・境界の外の世界と**精力的な交流**を行う。世界へ、または世界のために何かを提供し、それと引き換えに何かを得る。

・追求する**目的**と、その目的のためになすべき仕事と、配備すべきリソースとを持つ。

グループが法人で、何らかの所有物（物でも、金銭でも、知的所有物でも）を制御し、世界で何らかの活動を遂行するなら、おそらくこの定義による組織に当たる。

よくわからない場合は、多分、社会運動、コミュニティー・グループ、何かのクラブといったものが頭にあるのだろうが、上述の基準に照らして、組織と思しきグループがそれらを満たすかどうか、また、どんなふうに満たすのかを考えればいい。領域内にある制御すべき所有物は何か？　世界に何を提供し、引き換えに何を得るか？　グループの仕事をしている人々の役に立つこと以外の目的は何か、それを達成するためにどんな仕事をするか？

こうした点について明確に答えれば、組織の目的や所有物、人々を超えて構築し統治すべき仕事があるかどうかがよく理解できるだろう。また、もしそういうものがあるなら、こういった質問を検討することで、人間のコミュニティーと組織という存在とを区別しやすくなるだろう。ホラクラシーが統治するのは後者だけに限られているのだ。

理想的な取り入れ方

本書で、私はできるだけ実用的になるよう詳細に、実例を挙げてホラクラシーの実践を説明してきた。それでも、ホラクラシーを導入する組織には、外部から正規ホラクラシー・コーチを迎えて、移行をサポートしてもらうことを強くお勧めする。

あなたの組織がホラクラシー導入を開始する時、ホラクラシー・コーチは憲法の代弁者となる必要がある。すべてのルールを把握し、それぞれを今この瞬間にどのように適用するべきかを知り、さらにそれを実行できるスキルと中立性と忍耐力を持っていなければならない。もちろん、組織の権力構造を転換し、人々に組織と他人に影響を与える新しい方法を習得させるのに必要な、他のあらゆるビジネス・スキルとコーチング・スキルも持ち合わせていることは言うまでもない。

とは言ったものの、組織によっては、正規コーチを雇うことが現実的でない場合もあるだろう。それに、私の忠告にもかかわらず、**外部の助けを借りずにホラクラシーを採用したい**と考える人が多いのも知っている。

もし、あなたもその一人だとしたら、始める前に、できるだけ多くの実地体験と研修を積むことを検討してもらいたい。ホラクラシーの公開研修は、現在、複数の企業により多数提供されている（訳注：日本では未開催だが、英語のオンラインコースもある）。予算とスケジュールに合うものを見つけ、踏み切る前に吸収できるものはすべて吸収してほしい。たとえ、社外のサポートを受けたり、あるいは社内に専門家がいたりして指導を受けられるとしても、あなたのチームメンバーが、学習環境の中でホラクラシーを体験する機会が多ければ多いほど、より簡単に、より速く移行が行われるだろう。

ザッポスのホラクラシー全社展開の大半を指揮したジョン・バンチはこう言っている。

「肝心なのは教育だ。ザッポスでは、ホラクラシー・ワンのプラクティショナー研修と同様の、3日間の研修プログラムを開発し、これまで400人以上が受講してきたが、これが全社展開に抜群の効果を発揮した」

自力でホラクラシーを導入するための5ステップ

少なくともある程度の研修を終えるか、あるいは熟練のコーチを確保し、ホラクラシーに踏み切る準備ができたら、自力でホラクラシーを導入するための次のプロセスを用い、あなたの組織をのっけからうまく軌道に乗せよう。

1　ホラクラシー憲法を採択する
2　ガバナンスの記録を共有化するシステムを立ち上げる
3　初期構造を決定する
4　第1回ガバナンス・ミーティングを開催し、選挙を実施する
5　定期的な戦術的ミーティングとガバナンス・ミーティングの予定を組む

1　ホラクラシー憲法を採択する

ホラクラシーをあなたの組織（またはチームや部門）の新しい権力構造として採用するためには、まず、正式に権力を保持する人が誰であれ、その人物は権力をホラクラシーの「ゲームのルール」に明確に委譲しなければならない。このルールはホラクラシー憲法に正式に記録されている。したがって、ホラクラシー実践への第一歩は、現在の権力保持者に、組織の権力の座として、この書類を承認させることである。

その承認者が誰であるかは、あなたの組織の既存の権力構造によって異なり、ホラクラシーを展開したいと望む範囲によっても実行可能な選択肢はさまざまだ。組織全体の場合は、取締役会レベルの正式な決議として採択してもいいし、または取締役会の決議なしにCEOのポリシーとして採択してもいいだろう。取締役会レベルの賛同を予め取り付けると余計に複雑になるので、当社では普通、後者を推奨している。

組織の一部がホラクラシーを採用する場合は、その部門の既存の管理職が憲法を承認すればいい。ただし、その人物が「部門内の仕事をどんな構造でどのように実行するのかを定める権限を持っていること」が前提になる。あるいは、あなたの組織で機能している現在の正式な権力構造が、本当にコンセンサスや民主的な投票によるものならば、そうやって憲法を承認することもありえる。ただし、もしそれが現在の正式な権力構造でない場合、単に賛同を得るためだけにこのアプローチを使おうとするなら、後でツケが回ってくることになる。

あなたの状況にふさわしい方法が何であれ、憲法の採択を正式で透明なものにすることが鍵だ。憲法の採択は書面で行おう。CEOや管理職による採択なら、ホラクラシー憲法のPDFファイルをダウンロードし（holacracy.org/constitution）、最終ページの「採択宣言」に署名したら、それを公表しよう。現在の権力保持者が正式に権利を委譲したことをみんなに知らしめる必要があるからだ。

権力を委譲した人物は、いつでもホラクラシーの「採択を取り消す」権利を保持し、物事を回す古いやり方に戻ることができる。ただし、それまでの間に、憲法の特定のルールを無効にすることはできない。ここが肝心なところだ。ホラクラシーが魔法の力を発揮するためには、システムを採択する人がルールに則ってプレイすることに同意しなければならず、撤退の決定なしに、法を超越してはならないからである。

どのように、どのレベルで憲法を採択するかによって、ホラクラシーで回るあなたの組織の「アンカーサークル」が決まる。アンカーサークルとは、新しい構造において一番大きなサークルで、ホラクラシー憲法により統治されるすべての仕事が完全に含まれる。その目的は組織全体（部分的な採用の場合は、チームや部門）の目的として規定される。また、組織のすべての所有物と、組織が制御する権限を持つ他のすべてのものが、自動的にアンカーサークルの領域となる。

もし、私が普通最初に勧めるように、ＣＥＯのポリシーとして憲法を採択するなら、アンカーサークルのメンバー構成と活動の中心は、以前の経営陣やエグゼクティブ・チームと同様のものになる。アンカーサークルは、ゼネラル・カンパニー・サークル（ＧＣＣ）と呼ばれることも多い。

取締役会かそれに相当するものがホラクラシー憲法を正式に採択し、憲法に則り取締役会を運営してもいい。その場合、取締役会がアンカーサークルになり、幾つかの特別なルールが適用される（ホラクラシーによる取締役会の運営については、この章で後ほど取り上げよう）。合法的な社則（またはそれに相当するもの）の中で憲法を採択することもできる。

こうすると、組織の権力構造の根幹に一層強固な基礎を打つことになる。ただ、ホラクラシーの旅を始めたばかりの組織には私はこれを勧めない。どうしても検討したいというのなら、社則をいじる前に適切な法的アドバイスを求めたほうがいい。

憲法の採択にどのような形で取り組むとしても、組織とアンカーサークルの目的を明らかにしなければならないだろう。それはアンカーサークルのリードリンクの仕事だ。もっと詳しく言うと、アンカーサークルのリードリンクには次の責務がある。

「組織の歴史、現在の能力、使用可能なリソース、パートナー、特徴、文化、事業構造、ブランド、市場についての理解その他関連性があると思われる他のすべてのリソースと要因を含めて、組織に作用しているあらゆる制約と使用可能なすべてのものを考慮して、組織が世界において持続的に発揮でき、組織に最もふさわしい、潜在する究極のクリエイティブな能力を発見し明確にしていく」

憲法では組織の目的を以上のように正式に規定している。あなたの組織でホラクラシーのキックオフを進める前に、アンカーサークルのリードリンクが**当初の目的を何かしら設定することが**大切だ。予め「完璧な」目的を設定しなければ、と気負う必要はない。現状の規定に関しひずみが表面化して、もっと明瞭にする必要に迫られたら、後からいつでも改善したり、手を入れたりすることができるからだ。

2　ガバナンスの記録を共有化するシステムを立ち上げる

ホラクラシーを実践するために、組織で現在活動中のガバナンス（サークル、役割、責務など）と、オペレーション上の重要情報（評価基準、チェックリスト、プロジェクトなど）を保管する場所が必要になるだろう。これらの記録は、それぞれの役割により保持される期待と権限に疑問を持った時、みんなが訪れる場所である。ホラクラシーをきちんと実践していれば、あなたの会社の誰もが、記録を頻繁に、一日に何度も参照するだろう。

適切なシステムを使用してこうした記録を保管することが非常に重要だ。もし、ガバナンスの記録が明瞭でなかったり、誰にでもアクセスしやすいものでなければ、ホラクラシーの権力構造全体が損なわれてしまうだろう。そこで、プロジェクト管理アプリケーションを転用して組織のガバナンス構造を保管しようとする企業がある。これでもうまくいく「かもしれない」が、大抵のプロジェクト管理ツールは、ホラクラシー様式のガバナンスの記録を保管するために設計されていない。

あるいは、ウィキやそれと同様のイントラネット的なソリューションをカスタマイズする会社もある。この場合、正しい構造とフィールド、ガバナンスのデータの編集許可をカスタマイズで強化できるなら特に、使い勝手がよくなる。また、前に触れたGlassFrogを使ってもいい。これはウェブブラウザを利用したツールで、ホラクラシーの採用、記録管理、実践をサポートするために、ホラクラシー・ワンが専用に開発したものだ。

3　初期構造を決定する

ホラクラシー憲法を承認し、ガバナンスの記録とオペレーション上の主要データを保管するためのシステムを立ち上げたら、いよいよ「初期構造」の決定に移ろう。これは、出発点となる一連の役割とサークルを設置することである。検討にあたって大切なことは、**初期構

造とは単なる「出発点」にすぎないということだ。

ホラクラシーはあなたの組織の構造を時間とともに進化させる生きたシステムだから、初期構造はガバナンス・ミーティングを開くたびに変化していくだろう。当社のクライアント企業では、ホラクラシーの導入から一年ほど経過すると、初めに使っていた構造は跡形もなくなっているのが普通である。

これはホラクラシーを使うほとんどの組織について言えることで、小さな組織も例外ではない。だから、予め完璧な構造を追求する必要はない。ただ幸先のよいスタートが切れるように、出発点となるものを整えればいいのだ。アンカーサークルのリードリンクは、初期構造を決定する権限を持ち、内部の各サークルのリードリンクは、最初のガバナンス・ミーティングの前に（この時に限り）、自分のサークル内の初期構造に手を加えることができる。

初期構造を描くためによく使われる方法は、既に活動している部門やチームを単純にサークルに置き換えて、サークルを設定することである。さらに、既に明確に発生している仕事を捉えて、各サークル内で単純な役割を設定する。

だがここで注意すべき落とし穴がある。存在**すべき**とか発生**すべき**とあなたが考えるものではなく、既に存在するもの、発生しているものを捉えて初期構造を決定しよう。先回りする必要はない。目標は、組織内の誰もが少なくとも一つの役割を担当できるようにすること、その役割には少なくとも一つの目的か一つの責務が付与されていること、そしてそれらの役割が、まずまずの初期サークルの中にグループ化されていることである。既に発生しているものをそのままベースにしよう。そして、繰り返しになるが、完璧にする必要はない。

最後にもう一つ、小規模な組織（約10名以下）のための注意事項を挙げておく。小さな組織の場合、多くの役割があっても、おそらくサークルは一つしかないだろう。もし、サークルはもっと多いと考えるなら、あなたが「サークル」と想定しているものは、実は、ゼネラル・カンパニーという単一のサークル内の役割の一つではないか、たまたまそのサークル内で他の『役割』と一緒に働くことになっているのを、『別のサークル』と一緒に働いていると勘違いしているのではないか、と考えてもらいたい。

規模の大きな組織でも、一般的な注意事項として同じことが役に立つ。「一つの役割が、他の役割（他のサークル内の役割も含む）と相互に作用するだけで事足りる場合には、サークルを設置しないこと」新しい組織が、サークルをたくさん作り過ぎてしまうのはよく見かけるパターンだ。

ホラクラシーのビギナーは「みんなが一緒に働く時は必ずサークルが要る」と考えがちなのである。大事なことは、サークルは「一緒に働く」ためのものではなく、単一の機能（例：「マーケティング」）を、複数の人たちで担当できるように、複数の下位機能（「ブログ」

「広告」「イベント」）に分割するためのものだ、という点だ。

初期構造が決まったら、アンカーサークルのリードリンクは、アンカーサークル内のさまざまな役割にみんなを任命する。各サブサークルにリードリンクを任命することもその一つで、任命された各リードリンクは、今度は自分のサークル内で同じことを行う。では、準備が整ったところで、次のステップ、第1回ガバナンス・ミーティングと選挙に移ろう。

4　第1回ガバナンス・ミーティングを開催し、選挙を実施する

通常は、ガバナンス・ミーティングの予定を組むのは、サークル選任のセクレタリーの仕事だが、サークルが選挙を実施する前なので、最初のガバナンス・ミーティングの予定を組むのは各サークルのリードリンクの仕事になる。

また、リードリンクは、この初回ミーティングのファシリテーターを務めてもいいし、誰か他の人を指名してもよい。それは、社外のコーチやファシリテーターや、研修を受けた社内のファシリテーターなど、このサークルの通常のメンバーでなくても構わない。

この初回のガバナンス・ミーティングでは、少なくともセクレタリーとレプリンクを選出するために、リードリンクが選挙の開催を議題項目に加える。初回ミーティングでファシリテーター選挙を行ってもいいが、経験豊かな、あるいは研修を受けたファシリテーターをサ

ークルで確保している場合には、サークルメンバーがゲームのルールとミーティングの進行の仕方に慣れるまで、サークル内でファシリテーターを選出するのは待ったほうがいい。

初回ミーティングで、統合的選挙プロセス（詳細は憲法を参照）を使い、選出されるべき役割の担当者が決まったら、あなたのサークルはついにホラクラシーの実践を開始する。

5　定期的な戦術的ミーティングとガバナンス・ミーティングの予定を組む

これからは、各サークルのセクレタリーが、定期的な戦術的ミーティングとガバナンス・ミーティングの予定を組む。典型的な頻度は、戦術的ミーティングの場合は毎週か隔週、ガバナンス・ミーティングの場合は隔週か毎月である。

「最初は、少なすぎるよりは多いほうがいい」と私はアドバイスしている。これは何てことのないステップだと思うかもしれないが、ホラクラシー実践者を目指すみなさんは、ここでよくよく肝に銘じておいたほうがいい。

至極単純なことに見えるかもしれないが、私の経験では、ホラクラシーの導入が失敗する原因の筆頭に挙がるのは、ただ単に、定められた主要なミーティングをスケジュールしなかったり、開催しなかったりすることなのだ。惰性というのは強力な力になり得るし、チームがまだミーティングや意思決定の古いやり方に慣れている間は、メンバーは非常にやすやすとホラクラシーの新しい習慣をサボって、古い習慣に寝返ってしまうのである。

古い習慣を差し替え、新しい方向に向かうためには、まず、ホラクラシー式ガバナンス・ミーティングと戦術的ミーティングを定期的に実施することから始めよう。それは、セクレタリーがミーティングを定期的に、確実にスケジュールすることから始まるのだ。


以上の五つのステップを実施し、ミーティングをうまく進行させるスキルを何らかの形で確保していれば、あなたの組織は、ホラクラシーの新しいパラダイムと権力構造の中で仕事をこなす道を歩み始めるだろう。最初はぎこちなく、のろのろと、面倒に感じられても、それが普通だから心配する必要はない。

実際、とてもやりやすいと感じるようなら、多分やり方がどこか間違っているのだろう。パソコンのオペレーティング・システムをより性能の良いものに切り替える時とよく似ていて、新しいインターフェイスと使い勝手に慣れるまでにはしばらく時間がかかるかもしれない。しかし、いったんコツを掴んでしまえば、以前よりはるかに迅速にスムーズに操作できることが実感できるだろう。

ホラクラシーでもそれは同じで、つらいこともある修業の過程を乗り越えて、上手に実践できるようになると、ミーティングは劇的にスピードアップし、非常に快適に感じられるようになる。新しい物事を習う時は大抵同じことが言えるが、継続する忍耐力と自制心があなたにあれば、また、できたら途中でちょっとしたサポートを受ければ、時間をかけて練習するうちに、ホラクラシーの実践はぐんと楽になるだろう。

自社に適したアプリを作る

私はホラクラシーを新しいオペレーティング・システムにたとえる。なぜなら、ホラクラシーは、あなたの組織が必要とする、さまざまな機能やプロセスの構築方法を指定することなく、組織の根本的な権力構造とガバナンスのパラダイムを転換するからである。ホラクラシー憲法が提供するのは具体的なプロセスではなく、基盤となるプラットフォーム、いわばメタ・プロセスであり、時間をかけてビジネスプロセスを規定し、進化させ、実現していく一連の中核的なルールである。ほとんどの組織が必要とする一般的なビジネスプロセスで、ホラクラシー憲法で規定されていないものがある。報酬と業績管理システム、財政管理／予算プロセス、採用・面接プロセスなどがそうだ。

コンピューターのメタファーを続けると、こういうプロセスは、組織にとって、基盤となるＯＳ上で動作するアプリであり、ＯＳそのものの特徴ではない、と考えていいだろう。

7章で説明した戦略ミーティング・プロセスでさえ、ホラクラシーの中核的なOSの一部ではなく、ただのオプションのアプリなのだ。どのサークルも、そのアプリを「インストール」できる。そのためには、サークルのセクレタリーの役割に「戦略ミーティングのスケジューリング」の責務を追加するとともに、リードリンクの通常の権限である「戦略の策定」を戦略ミーティング・プロセスに委譲するポリシーを設定すればいい。

私がホラクラシーにおけるアプリと言っているのは、こういうふうに、関連するガバナンスの決定の集合体を指す。アプリとは、一つまたは複数の役割、幾つかの新しい責務、数個のポリシーなどが集まって、必要とされる何らかのプロセスや機能を実行するものだ。

ほとんどのコンピューターは、少なくとも幾つかの基本のアプリ（eメール、カレンダー、ブラウザなど）がなければ全然役に立たない。それとちょうど同じように、ほとんどの組織も、きちんと機能するためには少なくとも幾つかの基本のアプリが必要だ。ビジネス界には標準的アプローチがゴマンとあり、大抵の組織機能についてはアプリが豊富に揃っているし、毎年卒業生を量産する多数のビジネススクールはそういうアプリに精通している。

もちろん、そのほとんどは、ホラクラシーではなく、ピラミッド型組織のOSで経営される企業のために設計されたものだ。メタファーに戻ると、コンピューターのOSを大幅にアップグレードする時には、そのまま使っても全く問題のないアプリもあれば、交換したり、アップグレードしたりする必要のあるアプリもあるだろう。また、新しいＯＳがせっかく新しい性能を備えているのだから、それを堪能できるような新しいアプリがほしくなるかもしれない。

それと同様に、ホラクラシーで回る組織にアップグレードすると、それまで使ってきた仕事のやり方の中には、新しいシステムに問題なく馴染むものもあるかもしれないが、多くのものは、ホラクラシーにおける何らかの重要な変化とクラッシュしたり、ホラクラシーが実現する新しい能力を十分に生かすことができないので、ひずみの原因となるだろう。

例として、現在、あなたの組織で報酬を決定している方法について考えてみよう。ホラクラシーへの移行が完了すると、おそらく、従来のやり方で報酬を決めるのは、なんとなく無意味だと感じるようになるだろう。管理職も管理階層も存在せず、役割が常に変わり続けている場合、どうやって報酬を設定すればいいだろう？

「それじゃあ、リードリンクがやればいい」と思うかもしれないが、前に話した通り、みんなはいろんなサークルで役割を担当できるから、リードリンクもたくさんいて、サークルごとに違うのだ。たとえこの問題をクリアする方法があっても、リードリンクに報酬の決定を課すと、従来の力関係に引き戻されてしまうことになる。

つまり、現状のものによく似た報酬システムを続けていくと、その結果、ほぼ確実にあなたは何らかの重大なひずみを経験するだろう。そして、そのひずみを放置しておくと、ホラクラシーの新しいパラダイムへの転換が妨げられてしまうのだ。実は、あなたの現状のプロセスの中で、管理職に主要な決定を課すものや、管理階層に頼るものはすべて、ホラクラシー採用後まもなく、ひずみの重大な原因になる恐れがある。

幸運にもホラクラシーが導入されているので、ひずみを処理し、アプリを進化させるためのかなり優れたシステムがあなたにはある。そこで、報酬制度などの中核的なシステムを改良する必要性を感じた場合、あなたはただ単に、それを行う新しいやり方を考え出すためにはどんなガバナンスが必要か、また、該当する領域をどのサークルが管掌するのかを提案すればいい。

あなたの組織の特別なニーズに合わせて、独自のシステムをデザインしてもいいが、ホラクラシーで回る組織のコミュニティーで既に広く用いられているものを確認し、誰か他の人が構築した標準的なアプリの採用を検討してみるほうがいいだろう。これが手軽にできるように、ホラクラシー・ワンではホラクラシー「アプリストア」を開設している。これは、何かの目標を達成したり、よくある機能を実行するために設計された一般的なアプリを、ホラクラシー実践者が共有したり探したりするためのウェブサイトである。

実は、成長を続けるホラクラシー実践者のコミュニティーにおいて、この先数年にわたり、もっぱら焦点となるのは、共通のビジネスプロセスをアップグレードするための新しいアプリの開発周辺になるだろう、と私は睨んでいる。私のクライアント企業の数社において、それが現実になっているのを既に目にしているし、ホラクラシー・ワンの社内でも、常に実験を続けている。

我がホラクラシー・ワンで開発したアプリの良い例が、「バッジベース報酬アプリ」だ。このアプリでは、組織とその役割に必要とされる特定のスキル、才能その他の能力が、一つ一つ「バッジ」で表され、バッジには市場価値が付けられている。

当社のパートナー（社員およびそれに準ずる人）は、能力を認められるとこうしたバッジを獲得できる。パートナーが獲得し、組織のための役割において使用するバッジの中で、最も価値の高い組み合わせに対して、規定の報酬が支払われる仕組みだ。バッジを規定するのも付与するのも、どちらもひずみで動くプロセスなので、「新しいバッジを規定したい」「バッジを獲得することを認めてほしい」というひずみを感じた人は誰でも、バッジの追加や付与を診断するプロセスをスタートさせることができる。

しかし、予めすべてのバッジを完璧に規定したり、全員のスキルを常時評価したりするために、無駄なエネルギーが費やされることはない。バッジシステムは、主要な評価区分についても、システム内での個人の位置付けと報酬レベルについても、必要な時に、必要なものを、必要なだけ明確にして、進化し続けるシステムなのである。

また、このアプリでは、バッジの規定、バッジの価値の査定、役割へのバッジのタグ付けの各ステップに関与する役割が異なり、報酬に関する決定が複数の当事者とプロセスに分配されている。バッジを得る資格を判定するプロセスは、個々のバッジごとに独自のものとなり得るので、バッジの種類ごとに、異なる役割がバッジの付与を査定する。

バッジの中には、資格取得など、特定の事実や社外の機関に基づいて付与されるものがある。このアプリは全体として、所定の階段を上っていく右肩上がりの典型的な「昇給」方法ではなく、可能性のあるあらゆる分野を網羅した、**一人一人に固有の多角的なスキル情報を構築するプロセス**であり、しかも、予期したり前もって計画したりしていなかったスキルも拾い上げることができるのだ。

この特別な報酬アプリは、伝統的な規範からすると隔世の感があるので、組織によっては時期尚早であったり、使い心地が悪かったりするだろう。それならそれで構わない。ホラクラシーに関する何ごとも、このシステムや他の特定の報酬制度を使うことを強制しない。あなたの現在の報酬制度の周辺でひずみが生じたら（それはほぼ確実に起こる）、それを処理して、あなたの組織にふさわしい次のステップを見つければいい。

もしかしたら、担当者の最善の判断と、既に存在する給与体系をとりあえず使って、組織の全員の給与を設定する役割を設置するだけかもしれない。ただし、給与を設定するその役割は、どのリードリンクの役割からも完全に分離させておくことが重要だ。そうすれば、ホラクラシーを利用した明確なシステムが設置されるから、一歩前進することになるだろう。さらに、当初は融合しがちな「管理職」と「リードリンク」を分離することにも役立つので、誰が自分の給与を決めるのかを気にせずに、みんなはのびのびと多くのサークルで役割を担当できる。

ザッポスでは、ホラクラシーの実践を始めて1年ほど経過した頃、これと同じような方法をとった。みんなの報酬を設定する権限を持つ「貢献度評価係」という役割を設置して、誰かの報酬を決めるに当たっては、その人が一緒に仕事をしている全員から情報収集する責務を与えたのである。やや控えめなこのようなやり方でさえ、従来型のアプローチから脱却する第一歩であり、ホラクラシーが実現する他の変革に逆行することなく、それを強化してくれる。実際、当社ではザッポスのアプローチが最初のステップとしてとても気に入ったので、それをベースに一般的なアプリを作成し、アプリストアで公開した。

ホラクラシーと互換性のあるアプリの別の例を挙げよう。あるクライアントでは、組織の業績管理システムをめぐりひずみが表面化していた。このシステムは当初古いパラダイムに基づいていて、社員の雇用に使われてきた職務記述書のさまざまな要素を基準にして、以前マネージャーと呼ばれていた人たちがいまだにチームメンバーを評価していた。

しかし、ガバナンス・ミーティングを開くたびに、役割が様変わりしたり、人々の実際の責務が変更されたりする可能性があり、それにつれて人々に期待されるものも目まぐるしく変化するようになっていた。そればかりでなく、今となっては「マネージャー」とは何か、なぜこの人たちがその機能を担っているのかもよくわからなくなっていた。こういう問題が刺激となって、クライアントは新しい業績管理アプリを生み出したのである。

彼らは社内ソフトウエアツールを構築し、どのチームメンバーも、他のチームメンバーが担当する各役割における具体的な各責務の実行についてフィードバックを与えられるようにした。このツールは、フィードバックが開始された時点でリアルタイムで役割規定を引き出すので、ガバナンスに変更があったとしても、フィードバックは常に最新の責務に対して行われる。担当の役割が誰かの給与を見直すため業績を評価する時が来ると、このツールを使い、実際にその人物と一緒に仕事をしているみんなからの意見を求めたり、考査前の数カ月間に入力された過去のフィードバックに目を通すことができた。

また、このツールでは、一人一人が、同じサークルのチームメンバーに対し、自分の現在の役割を評価することを要請することにより、いつの時点でも、自分のために積極的にフィードバックを求めることができた。この情報も蓄積されて、次回の業績査定に利用されたのである。このアプローチはクライアントにとってかなりうまくいった、という報告を受けている。だがこれもまた、一つの可能性でしかない。あなたは、自分の組織に合うアプリを見つけたり、開発したりしなければならないだろう。

一般的に言えば、ホラクラシーで回る組織にとって最善のアプリとは、オペレーティング・システムのユニークな能力を十分に活用し、その能力に逆らわず協調して動作するものである。言葉を換えれば、ホラクラシーの柔軟でダイナミックな組織構造と権力分配型組織への転換、みんなが複数のサークルで多くの役割を担当する新しいやり方と互換性があるもの、そして「役割《ロール》と人間《ソウル》」の区別を尊重し、管理職や古い階層構造に頼らないことがポイントだ。

あなたの組織の既存のシステムの中には、少なくともしばらくは、問題なく機能してひずみを生じないものがあるかもしれない。その場合、変える必要はない。もしひずみが実際に生じたら、その時にガバナンス・システムを通じて変更すればいいだけのことだ。実在するひずみを指針としながら、時間とともに組織のアプリを進化させていこう。

ホラクラシー流の取締役会

もし、あなたの組織がCEOのポリシーとしてホラクラシーを採択することを選んだ場合、取締役会やそれに準ずるものは著しい影響を受けないだろう——少なくとも最初のうちは。しかし、やる価値があるとあなたが判断する時が来たらいつでも、取締役会レベルでもホラクラシーを使うことは可能だ。

また、取締役会レベルでの導入が最大限の効果を発揮するよう、ホラクラシー憲法には幾つかの特別なルールがある。さらにこれらのルールは、取締役会が代表するものと意思決定について幾つかの興味深い新たな可能性を開くだけでなく、取締役会の役割についてあなたの考え方を転換させる可能性さえ秘めている。

まずは、ホラクラシーで回る取締役会の構造から見ていこう。通常は、取締役会がホラクラシーを採択すると、取締役会が組織のアンカーサークル（ゼネラル・カンパニー・サークル＝GCC）になり、ほとんどの日々の仕事はここに委譲される。普通はこれが取締役会の持つ唯一のサブサークルだ。取締役会はGCCのリードリンクを通常のやり方で指名するが、取締役会自体はリードリンクなしに運営される。取締役会に類似のアンカーサークルには、リードリンクを免除することが憲法で認められているのだ。

ホラクラシーでサークルに規定されている通常のプロセスに加えて、取締役会の場合には憲法で次の特別なルールが定められている。「普通リードリンクに授与されている権限と決定は、サークルのすべての役割が参加する、『統合的意思決定プロセス』を通じて行われる」おそらくこの構造は、ホラクラシー以前に存在していたものに近いと思われる。普通取締役会には複数の取締役がいるが、リードリンクと同等の権限を持つ、ただ一人の権力保持者はいなかったはずだ。

では、変更される点は何かと言えば、取締役会は、以前よりもはるかに明瞭でもっと効果的なプロセスを使って機能し、決定を行い、役割やGCCへ権限を委譲したりできるようになる、ということだ。

ただし、決定を行えるようになるには、予め、各取締役に役割が規定されなければならない。リードリンクはいないが、憲法はその代わりに少なくとも一つのクロスリンクを設けることを定めている。以前の取締役の一人一人が、一つのクロスリンクの役割を担当するのが普通であり、おそらくその他に、取締役レベルの他の役割もあるだろう。

覚えているだろうか、クロスリンクとはホラクラシー第三のリンクで、外部の存在の代表を自分のサークルに迎えるためによく使われる。取締役会の場合、各クロスリンクは、社外の組織や利害関係のあるグループの目的と利益を代表することができる。

例えば、組織の投資家を代表するただ一つのクロスリンクの役割を設け、各取締役をみなその役割に任命してもいい。このケースでは、取締役会の構造は従来の取締役会とほとんど変わらず、ただ、以前よりも優れた意思決定プロセスが与えられているだけである。実は別の選択肢もある。クロスリンクの役割を複数設置し、そのうちの幾つかは、投資家だけでなく、あなたの組織に関わりの深い、利害関係者グループを代表させるのである。こうするとがぜん興味深い展開になってくる。

従来、取締役会は株主の経済的利益（営利目的の団体の場合）や、組織の社会的目的（非営利団体の場合）を代表する。ところが近年では、営利企業は「利害関係者重視《ステークホルダー》」にシフトしつつあることがいろいろと取りざたされている。

組織は投資家だけでなく、主要ベンダー、顧客、社員、地域社会、環境など、重要な利害関係者グループのすべてに奉仕することに心血を注いでいるのである。しかし、今では多くの組織がこの精神を取り入れてはいるものの、取締役会の構造はほとんど変わっていない。

実際それは無理もないことなのだ。なぜなら、従来の取締役会の権力構造において複数のステークホルダーの利益を代表する取締役会を目指そうとすると、こう着状態や「多数派の専制」という事態にやすやすと陥ってしまうからである。

グルメ自然食品スーパーチェーン「ホールフーズ・マーケット」のCEOジョン・マッキーは、ステークホルダー重視経営の旗手であり実践者の鑑《かがみ》だが、その彼でさえ以前一緒にランチした時に次のようなことを言っていた。

マルチステークホルダー取締役会は、投資家保護を弱める傾向にあるからやめておいたほうがいい、投資家はただでさえ法的に後回しになっていて、ステークホルダーの列のどん尻で支払いを待っているのだから、というのである。

ところが、ホラクラシーが導入されていれば、マルチステークホルダー取締役会も夢でなく、投資家保護を大幅に弱めることなく、効果的に実施できるかもしれない。ホラクラシーのルールと統合的ガバナンス・プロセスの威力で、たとえ少数意見であっても、すべてのひずみと反対意見が確実に処理されるからである。今はまだ事例が少ないので、私の経験からこれを断言するのは時期尚早だが、非常に興味深い可能性だと考えている。

それにも増して面白そうな可能性が生じるのは、あなたの組織の目的や、利害関係者グループのいずれかに関係がある別の組織が、あなたのエコシステムに存在する場合だ。その別組織からあなたの取締役会に出席するリンクを指名してもらい、組織と組織とを結ぶクロスリンクを設置したらどうだろう？

例えば、投資家、顧客、組織のパートナー（社員およびそれに準ずる人）をそれぞれ代表するクロスリンクに加えて、業界団体や、あなたの組織に関連性のある幅広い運動を代表する組織に、あなたの会社へのクロスリンクを指名してもらうことを提案したらどうだろう？もしできたら、その代わりに彼らの組織にクロスリンクを送り込ませてもらえないかも聞いてみよう。もしこんなふうにして、ステークホルダーがあなたの会社にもっと直接的な影響を与えられれば、おそらく組織がもっと建設的に、その世界の中で信頼される市民になれるように、またその過程で組織の目的をよりよく実現できるように、彼らは力を貸してくれるだろう。

ただし、これもまた完全に推論である。結局はとんでもないアイデアだった、となる可能性もあるので、もしこれを試してみる場合は慎重に進めてほしい。けれども、どんなふうにして到達するかは別として、目的追求型の組織が他の目的追求型組織と健全な関係で結びつき、そのすべての組織が組織の境界を越えてひずみを処理していく、そういうエコシステムに私は底知れぬポテンシャルを感じるのだ。

取締役会の構成をどうするかはあなたにお任せするとしても、ホラクラシーでは、取締役会が組織を受託する目的も見直される。取締役会レベルでホラクラシーが採用されると、取締役会の存在意義は、もはや株主のために会社を受託することにはない。あらゆるステークホルダーのためでもない。むしろ組織そのもののために、つまり組織の目的を実現するために組織を受託するのである。

面白いことに、こう考えると、営利組織、非営利組織を区別する意味が薄れてくる。税法上の区分がどうあれ、ホラクラシーで回る組織は**何よりもまず目的追求型**であり、すべての活動は究極的には**組織全体の目的を実現するために存在**している。さらに、組織の全メンバーがその目的のためのセンサーになり、ホラクラシーのガバナンス・プロセスのルールも、個人の利益が幅を利かせることがないようガードしている。

多様なモノの見方が取り入れられ、また、それらを統合するプロセスが設置された今、取締役会は難しい深遠な質問に取り組む準備が整った。世界はこの組織に何を求めているか、この組織は世界においてどうあるべきか？　独自の目的とは何か、何か新しいものを生み出すために、また、創造力と進化をさらに発展させるために貢献できることは何か？

株主や他のステークホルダーのニーズは大切な制約であることに変わりないが、ホラクラシーが導入されると、最終的に支配し、組織を前方に引っ張るのは、この究極の目的なのである。子供が独自のアイデンティティーを見つけられるよう親が子供を育てるのと同じで、取締役会は、組織が独自の道を歩めるように導いていく。その道とは、関連するすべてのステークホルダーと協調しながら、組織独自の究極のクリエイティブな衝動を発見し、それを表現することを目指している。

ホラクラシーが馴染まないケース

ホラクラシーは万人向きではない。ホラクラシーがなぜか馴染まない組織も確かにあって、そういうケースをいろいろ見ているうちに幾つかのパターンがあることに気がついた。そこで、最もよくあるシナリオ——名付けて「腰の重いリーダー」「非協力的ミドル層」「急停止症候群」——の三つを紹介しよう。

腰の重いリーダー

ホラクラシーへ移行中のリーダーにとって重要なステップは、権力を手放し、一度は掌握していた権限が組織全体に分配されるよう、プロセスに任せることである。この権力の交代は絶対に不可欠なので、リーダーがこれに踏み切る心構えがいまひとつの場合、ホラクラシーの導入は失敗するだろう。

多くのリーダーがためらうのももっともで、それまで長い間、手塩にかけて育ててきた組織ならなおさらである。ほとんどの人は、適切なサポートを得て、微妙な舵取りが必要なこの移行をしっかり成し遂げるのだが、どうしても無理という人もいる。組織のリーダーたる者が、今さら「ビギナー」に戻って、権限を保持し他の人に影響を与えていく新しいやり方を習わされることに抵抗感がある、という場合もある。

よくあることだが、そういうリーダーはゲームをプレイすることをあっさり止めてしまう。ホラクラシーの原則に賛同するのは口先だけで、古いやり方で行動し続けたり、新しいゲームのルールをちっとも尊重しない。そんな言行不一致がいつまでも気づかれないはずがない。事実、こういうケースで興味深いことだが、会社が既にホラクラシーの実践を開始している場合、リーダーの言動のずれは、極めて目に付きやすいのだ。従来型の組織の構造では、ゲームのルールは文化の中に暗黙に存在するのが普通なので、ずれに気づかれずに済むかもしれないが、ホラクラシーではそうはいかない。

ただ一つの、明瞭でまとまりのある一連のルールが憲法に規定されているので、ホラクラシーには自ずから透明性が生まれるからだ。だから、ルールを守っていない人がいると、誰の目にも非常に明らかになる。

この時点で、二つの選択肢がある。前に説明した通り、リーダーはホラクラシー憲法を正式に採択すると同時に、ルールを変える権限を放棄するが、ホラクラシーから手を引き、ホラクラシーを丸ごと却下する力だけは保持する。この時点で権力を放棄する気力が残っているリーダーもいるが、ホラクラシーの採用が、かなり突然に終わりを迎える可能性があるのもこの時点なのである。

こういうリーダーの方たちに対して、あまり批判的になるつもりはない。新しい、馴染みのないプロセスに権力を譲り渡すのは大きなステップだから、実施しないことを決める場合、多くの人たちにはそれなりの理由がある。

ある人は、創業したての小さな会社の経営者で、強力なリーダーシップの下で舵取りをしないと、彼の組織とチームはきちんと自己組織化できるほどまだ成熟していないし、安定してもいないのではないかと懸念した。子供がまだ独り立ちできるほど強くない、健康でないと心配する親のように、このCEOは、会社とマネジメント・チームがもっと牽引力と経験を獲得するのを待ってから、そういう大変革を続けたいと考えたのである。

私は、そんな環境でもホラクラシーが見事に機能するのを見てきたので、納得しかねたものの、その決定を尊重した。会社とチームを私以上によく知っている、CEO自身が判断すべきことだからだ。実際、クライアントのCEOたちにとって、ホラクラシーへの移行が厳しい状況になった場合、「いつでもホラクラシーをやめていいんですよ」と念押しするのはもっぱらこの私なのだ。それどころか、その選択肢を少なくとも考慮に入れるよう、積極的に働きかけることだってある。

どちらに転ぼうとも、ホラクラシーの要求する権力構造の転換にCEOが乗り気でないからといってホラクラシーへの取り組みがさりげなく妨害されるよりは、その選択肢をじっくり直視して、意識して選択してもらったほうがいいからだ。

非協力的ミドル層

何度か見かけた別のシナリオは、ＣＥＯは積極的にルールに従ってプレイしているが、一つ下のレベルの管理職層が、あからさまに変化に抵抗するわけではないものの非協力的な場合だ。ある程度の消極性や懐疑的な態度はよくあり、適応の初期に想定されることだ。実際それは、組織を大事に思う健全な気持ちの表れであることが多い。

しかしホラクラシーを成功させるつもりなら、組織は抵抗を終わらせ、メンバーができる限り新しいルールを守るように徹底させなければならないだろう。権力の座にあった人たちが率先してルールを守らないなら、変革が台無しになってしまうのだ。

こういう抵抗を終わらせるためには決まった手順があるわけではなく、臨機応変に対応することだ。普通は次のような措置を組み合わせるといい。明快なメッセージを発信し、ＣＥＯが見本を示してリーダーシップを発揮すること。以前の重役が仕事をこなすための新しいルールの使い方を学べるよう、適切なコーチングとサポートを行うこと。新しいルールを補強する人事システム（アプリ）をアップデートし、それを先送りさせないこと。こういう措置を取れば、抵抗は次第に収まっていくものだ。

たまに収まらないこともあり、その場合、抵抗しているのは、古いやり方にどっぷりはまっていて、そのパラダイムでかなり成功している重役たちであることが多い。ただし、若くしてスピード出世した人たちが頑固に抵抗するのも見たことがある。嫌がっているのが1、2名しかいなければ、大抵は仲間からのプレッシャーで気持ちが揺らいだり、あるいは自分の決断で抵抗を諦めるかもしれない。しかし、非協力的な重役の人数がクリティカルマスに達すると、ホラクラシーの導入がキキーッと音を立てて急停止する可能性がある。

あるCEOは、そんなふうに最高幹部の大多数が反旗を翻す事態に直面し、結局は退却し、ホラクラシーを完全に断念することになった。「うちの幹部チームにホラクラシーを続けさせようとするあまり、私自身の求心力が失われてしまったんだ」と彼は打ち明けてくれた。彼はホラクラシーから手を引くことを決定し、主要幹部の支持を得られる方法で会社を経営するやり方に戻っていった。

これは、経営トップのまとまりが弱い組織や、おそらく全社的に団結力が弱い組織に特にありがちなシナリオだと思う。そういう状況では、抵抗する人たちに全社的な方向づけに抗う隙を与えやすいのだ。皮肉なことに、おそらくそういう企業こそ、ホラクラシーのようなシステムから最大の恩恵を受けられるはずなのだ。なぜなら、ホラクラシーはみんなをまとめるプロセスを提供するものの、個人個人の多様な考え方をにわかに統一させることを要求しないからである。

もっと団結力のある企業では、ホラクラシーへの移行は比較的容易かもしれないが、たとえ足並みの揃った一心同体のチームでさえも、ホラクラシー導入のようなパラダイム・シフトに不安を抱きバラバラになることもある。だから、ホラクラシーへの移行を成し遂げられなかったとしても、それは必ずしも彼らの弱さの証ではない。機が熟していなかったり、システムが特定のチームに合わなかった、ただそれだけのこともあるのだ。

急停止症候群

これはおそらく最も密かに進行するシナリオだ。「ホラクラシー導入に既に成功した」と思っている会社でよく起こる。しばらくは、万事改善しているように思われる。ミーティングは効率的になったし、みんな自分の役割がよくわかってきた。ひずみを処理する手段も築かれたし、オフィス全体に起業家精神が浸透している。

それなのに、徐々に、ほとんど気づかれることなく、変革の勢いが衰え始めるのだ。みんなが以前の管理職に指示を仰ぎ始めたり、主要な決定が行われる前にさりげなく承認の合図を出し始めるようになる（あるいは、ホラクラシー以前のそういうやり方を続けている人もいる)。旧管理職は管理職然として振舞い始め、ガバナンス・ミーティングの成果にだんだん注意を払わなくなり始めていく(そういうやり方を続けている人もいる)。

誰もがガバナンス・ミーティングの外で、一緒に働くやり方について一対一の合意を交わし始め、そういう決定を正式なものにするためだけにガバナンスを使うようになり始め(そういうやり方を続けている人もいる)……そうこうするうちに、ついにガバナンスを全く使わなくなってしまう。

確かに、それでもミーティングは前よりよくなっているが、そんな組織での働き心地は、以前と大差がないのではないだろうか?

こういう会社は、結局、ホラクラシーが実現できる恩恵のほんの一握りだけしか享受できないし、大抵はそれをはっきり認識することさえない。それでもホラクラシーを実践していると言い張る人もいるだろうが、せいぜい「ホラクラシー・ライト」であって、肝心のパラダイムシフトを伴うことなく、表面的に効率性と明瞭性が向上するだけなのだ。

普通、このシナリオが生じるのは、古い権力構造に代わるものとしてホラクラシーが完全に定着する前に、導入プロセスのどこかで失速することが原因だ。減速が最も始まりやすいのは、憲法、役割、ミーティング・プロセスといった基本のパーツが設置された後、新しい権力構造との互換性がイマイチの、古いシステムやプロセスをいよいよアップグレードしよう、とする時である。

ここがホラクラシーのアプリの出番であり、これこそ、あなたが雇用と解雇、報酬などのモノのやり方を見直すべき時なのだ。こういう難しい問題に取り組み、適切な解決策を見つけることを突然止めてしまうと、結局、ホラクラシーのミーティング・プロセスは、ほとんど変わらないままの古い権力構造の飾りになってしまうだろう。

例えば、解雇したり報酬を設定したりする専制的な権限を「旧」管理職が依然として保持していると、チームメンバーが古い慣習を破るのは難しい。権限を所有したり、ホラクラシーの権限委譲に不可欠なやり方で管理職に物申したりすることにはリスクがあるからだ。

ホラクラシーを尻切れとんぼで終わらせないために、「仲間同士に権限が分配されたシステム」という最終的な目的を見失わないことが肝心だ。その目的に到達するためには、開催されるミーティングだけでなく、権力が保持され日々行使されるやり方にも、また、組織の中核的な人事システムとプロセスにも変革がきちんと反映されるよう、真摯《しんし》に取り組むことが必要だ。

こういうことに本気で取り組まないと、以前の仕組みに毛が生えた程度の変革で終わってしまうだろうし、ほとんどの場合、持続不可能になる。ぐずぐずと居座り続ける古い、影の権力構造を根絶やしにし、新しい権力構造を目に見える形で補強することに全力を尽くさない限り、いともあっさりと逆戻りしてしまうものなのだ。

念のため言っておくが、このパターンに当てはまる多くの組織は、成し遂げた変革にそれなりに満足していて、たくさんの好ましい成果を挙げている。しかし、せっかくホラクラシーの導入に投資したのに、恩恵を取りこぼしている人たちを見ると、私は非常に残念でならないのだ。

この急停止症候群のシナリオに「非協力的ミドル層」が手を貸して、特に残念な結末に至った例を見たことがある。その組織のＣＥＯはすっかり乗り気でやる気満々だったが、変革がその先要求するものを少し甘く見ていた節がある。経営陣は懐疑的で、ちょっと尻込みしていたが、ホラクラシーを試してみようじゃないか、と前向きだった。最初は万事いい感じに進んでいる様子だった。

みんなホラクラシーがわかってきたし、ミーティングは円滑に流れるようになってきた。仕事の能率は上がってきたし、反対派は少し大人しくなったように見えた。

しかし、影の権力構造がしぶとく残っていて、舞台裏では以前の管理職が管理職然として振舞っていた。その上、主要な人事システムを管掌するチームメンバーは、システムを変える気がなかったので、それが問題を悪化させ、影の権力構造が引き続き多くの機能を掌握することを許してしまったのである。ＣＥＯとおそらく他の１、２名が時間とエネルギーを費やせば、こういう問題を解決できたかもしれないが、当時この組織は他にもたくさんの課題に取り組んでいたために、この件にはあまり注意が払われなかったのだ。

表面上は着実に進歩している様子で何カ月も経ってから、亀裂が見えてきた。実際のところ大して変わっちゃいないし、本当にこういうルールが必要なのだろうかと、みんなが疑問視し始めていた。皮肉なことに、主要なシステムをアップグレードさせまいとしていた取締役たちは、これに乗じてホラクラシーを完全に排斥するよう強く求め、導入が中途半端になっていたせいで生じていた問題をことごとく並べたてた。最終的には抵抗が大きくなりすぎて、一生懸命だったＣＥＯでさえ、自分自身と腹心のチームがそれ以上かき乱されないよう、ホラクラシーをやめざるを得なくなったのである。

以上の三つのシナリオや、あるいは今の話のように、シナリオの組み合わせは、ホラクラシー導入の失敗例として私が最もよく見かけるものだ。

おそらく四つ目のシナリオもあるが、それを私が直接観察するチャンスはない。なぜなら、そのシナリオが生じるのは、そもそも導入が順調に成功するために必要な、社内の能力を十分に構築しない企業だからである。こういうケースでは、変革のスケールを過小評価している傾向にあり、高を括ってサポート不足のまま取り組んだり、あるいはシステム全体を一つにまとめている肝心なルールの実行を単に怠ってしまうのだ。

何はともあれ、私がこの目で見てきたホラクラシー導入の大多数は、少なくとも変革への真摯な取り組みと、確かな外部のサポートや社内の専門スキルを兼ね備えている場合には、持続的な変革という成果を上げているようだ。

しかし、失敗するパターンを理解しておけば、よくある落とし穴を避け、課題を乗り越える役に立つ。そして最終的には、仲間同士《ピアツーピア》の権力分配型システムの恩恵を享受して、創造力と自律性と適応力とを解き放つことができるだろう。

9章　全システムを導入できないなら

私は自分が言葉で表現できない世界に足を踏み入れることはできない。
――ルートヴィヒ・ウィトゲンシュタイン『論理哲学論考』

最近出席したビジネス会議で発表を終え、舞台を降りたばかりの私の元へ、20歳代後半の男性が話をしようと駆け寄ってきた。見覚えのある顔だった。彼は最前列に座って私の話に熱心に耳を傾け、しきりにメモを取っていたからである。

彼の質問は、私がそれまでに何度も聞かれたことのある、「全システムを導入するのではなく、ホラクラシーを部分的に利用する方法はありますか?」というものだった。私の答えはいつもと同じ、本書で説明した通りのものだった。

「残念だけど、そういう方法はない。ホラクラシーは一つに織り上げられたシステムだ。一部だけを切り取って使おうとするなら、パラダイムシフトの恩恵は得られないだろう。ホラクラシーのパワーを経験するためには、全パッケージを導入する必要があるんだ」

若者はがっかりした様子だった。「それは絶対に無理なんです」と彼は言った。「うちの会社は非常に古い体質の大企業なので、一介の中間管理職にすぎない私が、組織を丸ごと再編して、権限を委譲するように上司を説得するなんてとんでもない。しかも、上司が聞いたこともないシステムなわけですから。私の部門だけだとしても、ホラクラシーの使用を承認してもらえるかどうか怪しいものです。でも、私にできることが何かあるはず、**私自身の仕事の習慣や自分の小さなチームを運営するやり方を、少しでもホラクラシーに近づけるちょっとした方法があるはず**です」

彼の誠意に私の心は少しざわついた。私は最初の答えを固守した――ホラクラシーが機能するのは、完全なシステムとして導入された場合だけ、たとえ組織のごく一部だけに導入されるとしても、同じことである。しかし、この会話をこれで終わりにしていいものだろうか？　ホラクラシーは、組織全体を動かす力を持たない人たちを蚊帳の外に置いてしまうのだろうか？　限られた権力しか持たなくても、自分にできることをして変化をもたらしたいという意欲がある人に、何も提供できないのだろうか？　だとしたら不愉快だ。

彼は昔の私だった。私の上には幾重にも連なる管理階層があったが、私の感知したひずみを処理して、有意義な変化がもたらされることはおろか、誰一人として私の懸念やアイデアに耳を傾けてくれる暇さえなかった。当時、もし私がホラクラシーのようなパラダイムシフトの話を聞いて、規模が小さかろうと構わないから、それを使って自分にできることを始めたい、と思ったとしたら、「それはできません」と言われて納得できただろうか？

結局、私は質問してくれた男性に、彼の現在の仕事を向上させるために、ホラクラシーを利用してできることについて幾つかの提案をした。その後、私は自分のネットワークを通じて情報収集し、全システムを適用できない場合、他の人たちはホラクラシーをどんなふうに利用しているかを調べた。私は今では、たとえ完全な変革を伴わないとしても、ホラクラシーにはかなり利用価値があると考えている。事実、私自身の個人的な関係においても、全システムを実践していないその他の環境においても、ホラクラシーのさまざまな側面から恩恵を受けていたことに気づいたのである。

こういう経験を踏まえ、よく受けるその質問に対して、もっと満足のいく答えを考え出そうと私は決意し、本書で紹介することにした。それがこの章の狙いである。コンファレンスで知り合ったその男性にも言ったように、もちろん警告付きだ。ホラクラシーのパーツを使うことは、ホラクラシーを使うこととは別物であり、全システムを導入できる可能性が少しでもあるのなら、私はほぼ確実に、そうすることを勧めるだろう。

けれども、あなたが働く会社が、現時点で全システムの導入を検討することがどうしてもできない、梃子《てこ》でも動かないという場合に、あなたとあなたのチームだけでも恩恵を受けられるような、ホラクラシーの教えを利用する方法を紹介しよう。そのうち、社内の他の人たちも刺激されて、ホラクラシーで回る組織になることを検討するかもしれない。ホラクラシーを完全導入することがまだできない、今はその時期でない、という人たちへの私のアドバイスは次の四つに分類される。

1　言葉を変えよう、文化を変えよう
2　役割の記述を書き直そう
3　組織の**枠組みの中で**働くだけでなく、組織の**枠組み自体に**手を入れよう
4　ミーティングをスリム化しよう

以上のステップのいずれかあるいはすべてを取り入れられたら、少なくともあなた自身に、あるいはあなたの小さなチーム内に効果が現れていることを、かなり短期間で実感するのではないだろうか。ただし警告しておくが、そうやってあなたが育て始めた新しい文化や習慣とは対照的に、あなたを取り巻く企業文化と構造が、どれほどアンチ・ホラクラシーであるかも痛感することになるだろう。

しかし、おそらく、同じことに気づいた他の人たちがあなたの味方になり、（最終的に）ホラクラシーを丸ごと会社に取り入れるために力になってくれるだろう。

言葉を変えよう、文化を変えよう

「行動は言葉よりも雄弁だ」と言われるが、時には、自分が選ぶ言葉の威力をしっかり認識したほうがいい場合もある。言語とは、文化を言葉で表現したものだと広く考えられているが、言語が文化を生むこともある。ホラクラシーの開発にあたり、私は用語の選定にたっぷり時間をかけ、自分が伝えたい意味を持ち、古い、習慣的な反応や連想を引き起こさないような言葉を選んだ。ホラクラシーの上級実践者からよく聞く話では、ホラクラシー用語はとても便利なので、ついに職場の外でも使い始め、家族やその他の関係においても文化を変えつつある、ということだ。実際、私自身もそういう経験がある。あなたのチームとの日々のコミュニケーションにおいて、次に挙げるような用語を使ってみよう。そうすれば、誰かと共に働くという経験が、これまでとは違ったものになるだろう。

ひずみとひずみ処理。「問題」と「解決」という言葉を「ひずみ」と「ひずみ処理」に置き換えてみよう。人間の思考回路というのは、問題として認識される物事に取り組むことをぎりぎり最後の瞬間まで先送りするようにできているようだ。だから、ビジネスにおける事柄の周りでこういう「ネガティブな」言葉を使うと、それを避けようとしたり、不必要に恐れたりする文化を生じることがある。ホラクラシーで使用される「ひずみ」とは、ただ単に**今の現実と感知されたポテンシャルとの間の明確なギャップについての感覚**という意味の中立的な用語だ。ひずみとは「問題」でなく、必ずしも「解決」を必要としない。むしろ、今この瞬間の物事の有り様を、**こうなれるはず**の状態に少し近づける機会を示している。普通それはより良い状態に変わるチャンスだ。ホラクラシーではこのことを「ひずみ処理」という用語で表し、決められた最終的な成果があるというイメージを避け、継続的に改善し適応していく終わりのない旅という意味合いを伝えている。

問題よりも提案。今説明したばかりの言葉の変更と密接に関連するが、問題を悲観するだけでなく、「提案」を行う習慣を身につけよう。ひずみを感知したら、一歩踏み込んで「この状況を改善するにはどうしたらいいだろう？　何を提案できるだろうか？」と自問しよう。チームも同じことができるように働きかけよう。提案は完璧な「解決」である必要はない。問題とはマイナスからの出発だが、提案とは、先回りしてクリエイティブな視点に立った、会話を始めるための緒《いとぐち》である。

反対意見はありませんか？　次回、何かの決定に際して、チームの賛同を得ようとする立場に立ったら、違う言い方を試してみよう。「みなさん賛成ですか？」とか「みなさん私の提案を支持しますか？」と聞いてはいけない。そういう質問をきっかけに、つまらない議論が延々と続いてしまうからだ。その代わりにこう尋ねよう。「この提案に対して反対意見がある人はいませんか？」　また、反対意見とは「この提案を採用することにより、悪影響が生じたり、チームが後退したりする理由」と定義しよう。同じ質問を別の言い方に変えると「もし提案がうまくいかなかったら決定を見直せるという条件があっても、この提案を試してみることが十分に安全ではない理由がありますか？」　このようにちょっと言葉を変えるだけで、時間をものすごく節約できるし、意思決定プロセスがはるかに扱いやすくなる。

役割VS人間。チームのメンバーに行動やプロジェクトを割り当てる時、その人が担当している特定の役割にそれらが割り当てられるという言い方をしよう。こうすると、渾然《こんぜん》一体と捉えられがちな「役割《ロール》と人間《ソウル》」を分離させるのに役立ち、さらに、同一視されているがために時折生じるひずみを和らげる効果がある。

ダイナミック・ステアリング。第7章で説明したダイナミック・ステアリングという言葉も、あなたのチームの発想を転換させる役に立つはずだ。予測と制御の発想から脱却し、ダイナミック・ステアリングへ移行すれば、考えすぎて身動きが取れなくなることが減り、もっと反応性がよく適応力の優れたチームになるだろう。

役割を明確にしよう

ホラクラシーを使っているかどうかにかかわらず、どんな組織も、誰がどんな権限を持ち、誰がどんな責務を持つかを明瞭にすることが必要だ。たとえホラクラシーの全システムを採用していなくても、ホラクラシー流の役割規定（p73を参照）は採用できるかもしれない。大事なことは、**役割イコール人間ではない**ということ、また、**一人の人が複数の役割を担当してもいい**し、多分そうなるだろう、ということだ。

役割とそれが担う責務を細分化することは、期待を明確にしたり、他の人たちの領分を侵害しないために非常に効果がある。もしあなたが管理職なら、自分のチームのためにこれを実行すればいいし、あるいは単にあなた自身のためにやってみてもいい。自分に期待されていることを明瞭にし、おそらく重ねて履いている二足のわらじ、いやもっと多くの、兼務している仕事を明確に記述しよう。

最近同僚から聞いた話では、非常に保守的な文化を持つ伝統的な大組織の子会社では、役割と責務を明瞭化すること「だけ」をやることに決め、暗黙の期待を目に見えるようにしたり、役割と責務を修正したりするために、時折ひずみについて話し合っている。ホラクラシーのこの部分だけを利用しても、満足のいく成果が上がっている。同社では、**外部の組織開発コンサルタントを雇うために発生する費用が大幅に減少**し、**ミーティングに費やされる時間が劇的に短縮**された。

あなた自身の役割やチームの役割を明瞭化するために、まず、あなた自身の仕事やチームの仕事を個別の塊に分解し、次にそれぞれの仕事の責務を「～していく」という形で明瞭に記述しよう。例えば、あなたは「マーケティング・マネージャー」が自分の仕事だとずっと思っていたかもしれないが、実は、その幅広い領域の中で、異なる複数の役割を担っているのかもしれない。あなたの役割はウェブサイト・マネージャー、作家、コピーライター、コピーエディターその他諸々で、役割ごとに異なる、一連の関連する責務を持っている。

役割規定について一つ注意点がある。ホラクラシー・システムにおいて、役割はガバナンス・プロセスを通じて絶えず進化しているので、役割の記述も現実に即していて役に立つ。

そのプロセスがない場合、みんなの日々の活動のニーズと現実から引き離されて、引き出しの奥で埃にまみれている伝統的な職務記述書のように、あなたの役割の定義があっという間に時代遅れになる危険がある。役割は現実に即していないと役に立たないので、こまめに見直して更新することが大切だ。この注意点を発展させたのが、次のアドバイスだ。

組織の枠組み自体に手を入れよう

『はじめの一歩を踏み出そう――成功する人たちの仕事術』の著者マイケル・ガーバーが指摘した、大半の起業家がはまるという典型的な落とし穴にはまってはいけない。それは「ビジネスの**中身**にのめり込み、ビジネスの**枠組み**に手を入れないこと」だ。起業家のように自分の会社を牛耳る力があなたにはないかもしれないが、組織階層のどこに位置していようとも、ビジネスの中身に携わると同時に、ビジネスの枠組みに手を入れる方法はある。ホラクラシーの用語で言えば、ガバナンスに携わることができるのだ。

ガバナンスを行うことに慣れていないという場合、大切なのは、オペレーション上の仕事とは別にガバナンスのプロセスのための時間と空間を削り出すことだ。この時間の使い方として簡単な例を挙げると、すぐ前の項目で触れたように、あなた自身の役割の記述を見直して、更新するといい。また、体験したひずみを見極めたり、それを処理するための簡単な提案を作ったりしてもいいし、場合によってはチームや上司に提案することもあるだろう。あなた自身が管理職なら、実際に一緒に働いている経験に基づいて、チームの役割の記述を見直し、更新することもできるだろう。たとえガバナンス・ミーティングを招集することができなくても、チームが一緒に仕事をするやり方を改善することに時間と注意を傾ければ、あなたはガバナンスに取り組んでいると言えるのだ。

また、あなたがこういう形でガバナンスをやっていることをチームに知らせて、ひずみを感じたらあなたのガバナンス・プロセスに情報提供してもらってもいいだろう。こうすると、ガバナンスの問題へのみんなの意識が高まりはじめ、**自分自身の役割と責任について、起業家的な発想が育まれる**だろう。ザッポスのゴンザレス＝ブラックが取ったアプローチを試してみよう。「もしこれが自分の会社だったら、私はどのように行動するだろう？」と同僚が自問するように働きかけよう。

ミーティングをスリム化しよう

組織のトップから末端まで、ほとんどの人たちによく共有されるものを一つ挙げるとすれば、延々と続く非効率なミーティングに時間を食われることへの憎しみだ。また、ホラクラシーを実践するほぼ誰もが一度は口にすることが、スリム化された効率的なミーティング形式のおかげで、どれだけ楽になったかということだ。ホラクラシーのミーティング・プロセスの中には、ガバナンス・ミーティングなど、ホラクラシー憲法を採択していない企業ではうまく機能しないものがあるが、それ以外は、丸ごと取り入れても部分的に取り入れても、どんな企業でも役に立つ可能性がある。

その最たる例が戦術的ミーティングの形式だ（p151を参照）。ホラクラシーのアプローチでは、「ひずみに一つずつ」集中して取り組み、トリアージ式に次に取るべき行動を迅速に見極め、次々に案件を処理していくので、ミーティング参加者は、最初にひずみを提起した人を満足させる、実行可能なソリューションに迅速に到達できる。ホラクラシーを導入していなくても、普通のスタッフ・ミーティングの代わりにこの形式を首尾よく使っている会社もある。ミーティングの全プロセスを取り入れるのが無理なら、次に挙げるような要素を、あなたのミーティングにも取り入れてみよう。

チェックイン・ラウンドと閉会ラウンド。この二つはほぼどんなミーティングでも、初めと終わりに簡単に追加できる。目的は単純だ。チェックイン・ラウンドの目的は、全出席者が、自分の意識を占めているものに目を向け、それを共有すること、そういう雑念を振り払い、チームが今この時にもっと身を入れて集中できるように、目の前にある仕事に取りかかる態勢を整えることだ。閉会ラウンドの目的は、ミーティングについての反省を共有する機会を各出席者に与えることである。大切なことは、どちらのラウンドでも、全員が一人ずつ話すことであり、話し合いや反応は一切認められない。ミーティングが個人的な議論の場になることを避け、みんなが心を開く「安全な場」を確保するために非常に大切なことだ。

ぶっつけ本番の議題構築。話し合うべきだとあなたが考えて、予めリストアップされた項目を潰していくのではなく、臨機応変に議題を構築しながらミーティングを進めてみよう。その瞬間にその場で提起されるからには、誰かがそれなりのひずみを感じているはずなので、時間を費やす価値が実際にあるもの（少なくとも提起した人にとっては）だけに議題が絞られることになる。

「何が必要ですか？」と尋ねる手法。チームメンバーが提起した議題に取り組む時には、必ず**「あなたは何が必要ですか？」**という質問で始めるといい。こうすると、議論が横道に逸れず、目下の案件を解決することに集中できる。また、唯一のゴールはその案件を提起した人を満足させることであり、その案件に関連する他の人たちの関心事に気を逸らされることがないよう、全員の注意を喚起することにもなる。

「必要なものが手に入りましたか?」という質問に対して、議題を追加した人物が「はい」と答えられたら、たとえ他の人が満足していなくても、次の議題に移る時だ。必要なら、彼らの関心事は別件の議題として取り組めばいいのだ。これに関連する、あなたの役に立ちそうな要素を次に挙げよう。

ひずみを一つずつ。この単純なルールは、ミーティングをスリム化し、話を脱線させないことに、驚くほど効果がある。最初は一つの案件に取り組んでいたはずが、みんなが自分の不満の種を元のひずみに便乗させていき、いつの間にか関連する半ダースほどの懸案事項のほうへと話が逸れているのは、非常によくあることだ。そうなると、大抵はあまり実りがないので、誰にとっても不満が残る結果になる。「ひずみを一つずつ」を固守し、関連する懸案事項は別件の議題にするよう徹底すれば、各議題に必要な注意がきちんと向けられるようになる。

統合的意思決定。警告付きでこの最後のアドバイスをしよう。ホラクラシーのガバナンス・ミーティングで使用される統合的意思決定（Integrated Decision Making＝ＩＤＭ）プロセス（p199を参照）は、ある状況の下では、共同で行う一般的な意思決定の手段になる――ただし慎重に使ってもらいたい。ホラクラシーでは、このプロセスは、ガバナンスにおいてのみ、特定の種類の決定を行うために使用される。

また、もし必要が生じた場合、そういう決定を変えるにはどうしたらよいか、このプロセスがどんな種類の決定に適しているか、といった点について、ホラクラシーの枠組みには明瞭な指針もある。そういう足場が設置されていないと、ＩＤＭプロセスの有用性は十分に発揮されない。

とは言ったものの、オペレーション上の意思決定プロセスとしてもうまく機能する場合もある。それは、戦略上の大きな決定や、もっとスケールは小さくても重要な決定をするにあたり、複数のモノの見方を統合しなければならないことがわかっている場合だ。ある同僚の話では、彼女のサポートで、管理職グループがオペレーション上の重要な決定にＩＤＭプロセスを採り入れたところ、それに先立つ5カ月間にわたって議論を戦わせてきた案件が、90分間で解決できたということだ。大事なことは、古い決定方法の代わりとして手当たり次第に使わないこと、頻繁に変更する必要のない重大な案件に限ることだ。

あなたが以上のアドバイスをどう利用するかにかかわらず、前へ進みながら舵取りすることが大切だ。全パッケージを導入した場合でさえ、すべてを即座に変えることがゴールではない。ひずみに導いてもらえばいいのだ。

現状のシステムのやり方があなたの前進を妨げていることに気づいたら、「どうしたらもっとよく機能するようになるだろう？　この状況を改善するために、ホラクラシーから学んだことを生かす方法はないだろうか？」と考えてみよう。実現可能で、仕事を先へ進めるのに役立つような次のステップが見えてきたら、それを実行し、どうなるか見てみよう。あなたの出発点がどこであれ、余すところなくホラクラシーで回る組織の中で働き、その枠組みにも手を入れる、そういうパラダイムシフトを経験するチャンスがあなたにも訪れることを願っている。

10章　ホラクラシーがもたらすもの

まるっきり新しいものに対し、心の底から受け入れる覚悟など我々にできるはずがない。自分自身を順応させなくてはならないし、抜本的な変化に順応する時は必ず、自尊心が危機に瀕するからである。

——エリック・ホッファー『変化という試練』

「うちの会社は見違えるようになりました」と、ある重役が私に言った。

「ホラクラシーの導入以来、まるで別の会社に買収されたかのようです」

ホラクラシーを導入した組織のリーダーたちが、言い方こそ違うがこれと同じような感想を述べるのをよく耳にする。よく、導入の初期段階に、興奮と戸惑いが入り混じった気持ちで述べられる。やがて、戸惑いが解放感へと変化したことが、手に取るようにわかる。

こういうリーダーたちが体験している大きな変革を、限られた紙面でお伝えするのは難しい。リーダーだけでなく、ホラクラシーで回り始めたばかりの職場に出勤する他の誰もが同じ体験をしている。もしも、朝、自分の車に乗ってみたら、目の前にあるはずのハンドルも、脇のシフトレバーも、足元のブレーキペダルとアクセルペダルも忽然《こつぜん》と姿を消していたとしたらどうだろう？　その代わりに、見たこともなければ、操作の仕方もさっぱりわからないダイヤルやボタンやレバーがずらりと並んでいる——それなのに、どこかに急いで向かわなければならないとしたら？

さらに奇妙なのは、助手席と後部座席の前にも、同じ制御装置が備えられていることだ。これにはかなり面食らうはずだし、脱力感さえ覚えるかもしれない。長年磨いてきた運転技術が突然役に立たなくなったのだから。それでも、試しに車庫から車を出してみると、ヘンテコな新しい制御システムにもかかわらず、どうやら今の愛車には、古いシステムには全然なかった性能が備わっているようだ。

慣れるまでにはしばらくかかるが、徐々に、車に乗るのが楽しくなり、はるかに短時間で、より少ない労力で、目的地に到着できるようになる。従来のやり方で運営される組織から、ホラクラシーで回る組織に変わるのは、大抵はそういう感覚だと思う。

設立したての小さな会社から、まずまずの大企業に至るまで、これまでにたくさんの組織がホラクラシーを採用し導入するのを手助けしてきたが、その過程で、多くの人たちが新しい制御システムと、それが要求するパラダイムシフト――組織におけるリーダーの機能を刷新するもの――に順応するのを見てきたし、それをサポートしてきた。そして、どの事例もそれぞれ異なるが、幾つかの共通するテーマがあることに気づくようになった。

そこで、本当はパラダイムシフトを直接経験するに勝るものはないのだが、もし、あなたの組織がホラクラシーで回り始めた場合、日々の経験にもたらされるであろう根本的な変化についてこの最終章でお伝えしたい。また、権力分配型の、ダイナミックなガバナンスのシステムに移行する過程で、あなたが遭遇する可能性のある問題についても紹介しよう。

リーダーの解放と「リーダーであふれる組織」

最も劇的な転換の一つは、組織の主たるリーダーであり、権力保持者である人たち（創立者、CEO、取締役）をめぐるもので、彼らとチームの他の人たちとの関係が再構築され、権限が組織全体に再分配されることに伴って展開される。こういうリーダーたちにとって、私がここまで説明してきたような転換は、彼らの存在そのものを脅かす可能性があるものの、その反面、途轍もない安心感と解放感を手に入れるチャンスでもある。

もしあなたが、リーダーとしてヒーローのような役割を担うことに慣れていて、自分の意志と能力を一滴残らず注ぎ込み、組織が前進するための推進力となってきたのなら、古いリーダー像に別れを告げるため、新しいタイプの英雄的行為が必要になるだろう。あなたがこれまで担ってきた役割の効率性と業績をダウンシフトしているように感じるかもしれない。今では権限がみんなに分配されているが、彼らがあなたと同じ能力を持っているとは限らない。最初は、効率性、生産性、勢いのどれをとっても、一時的に低下する可能性が高い。

また、あなたは責任を負うことにも慣れている。それが突然、あなた以外にも組織の推進力が出現したので、チームの限界が、あなたの前進に影響する可能性が高くなった。

もちろん、別の角度から見れば、組織にとっては制約が緩められた。なぜなら、英雄的なリーダーたるあなたにまるまる依存する必要はもうないし、あなたがどんなに頑張っても、一人の人物が抱えられる責任には限りがあり、組織はそれに左右されなくなったからである。

普通、個人的な能力の限界に近づいていることを直感すると、リーダーはまず最初に、組織が実践できる新手法を取り入れて、会社のレベルアップを図りたくなるものだ。しかし、英雄的リーダーがこのニーズをどれほど痛切に感じようとも、彼らは普通、既存の権力構造にがっちり組み込まれているし、組織の目的の一番の擁護者とも言える彼ら自身が、組織が目的を追求する能力の足枷《あしかせ》となっていることを十分には認識していない。

クライアントの一人が次のコメントをシェアしてくれた。「ホラクラシーについて知れば知るほど、当時私が直面していた問題だけでなく、まだ検討したことはなかったが、そのまま進んでいたら必然的に直面することになったであろう問題へのソリューションにもなることを確信した」こういう英雄的なリーダーが、探し求めていたものを初めて垣間見る時、恐れと安堵《あんど》の入り混じった感情を抱くことが多い。

これは、ホラクラシー採用への道のりにおける重要な瞬間だ。もしもリーダーが自分自身の反応をある程度客観的に見られなかったり、権力を手放せるほどプロセスを信頼できなければ、ここで頓挫《とんざ》する可能性がある。しかし、私が仕事をさせてもらったリーダーのほとんどは、この過渡期を無事にくぐり抜け、**権力委譲という空恐ろしい光景の向こう側で待っている報酬**を発見することができた。

あるリーダーが話してくれたことだが、自分が望むようなやり方で物事が行われていないのではないかと不安になるたびに、彼女曰く「パワー創業者モード」に戻っている自分に気づいたという。しかし、ホラクラシーに本気で取り組んでいるうちに、専制的な権力をそうやって振りかざそうとする誘惑に打ち勝てるようになり、役割を担当する他の人たちの主権を尊重できるようになった。自分が権力を行使しなくてもみんなが実際に状況にうまく対処できていることがだんだんわかりはじめたので、**リラックスして、チームをもっと信頼でき**

るようになったということだ。しかし最初は、リーダーは組織と一心同体で、それを切り離すことは決して容易ではない。

リーダーが創業者――先見の明があり、組織を誕生させた人物――でもある場合は特に、これは当然なことだと思う。しかし、組織を過保護に扱うのは、必ずしも創業者だけではない。私のクライアントのCEOは、その任務に特別な思い入れがあるわけではなかった。物事を軌道に乗せるため連れてこられた、雇われCEOだったからだ。

それにもかかわらず、彼は英雄的リーダーの役割にかなりこだわっていた。それまでに働いてきたどの組織でも、そうやって――善良で、親切で、思い遣りがあり、本当の父親のようなリーダー像を通じて――組織の価値を高めることを学んできたからだ。そのアイデンティティーに対立しなければならなくなったので、彼は底知れない不安を感じた。しばらくの間は危なっかしい様子だったが、彼がじっと我慢したおかげで、チームに自律性と創造力が新たに芽生え、それにつれて良い成果が出てきた。そして彼のチームは、みんなのために万事を好転させてくれる親父のようなボスとして、CEOを頼るのをやめたのである。

こういう変化を受けて、プロセスを継続する気持ちを強めたCEOは、最終的に権力を委譲することで安らぎを見出したのだった。

私自身の人生でも、ソフトウエア会社の創業者として同じ課題に直面した。黎明期のホラクラシーを育んだのもこの会社である。ホラクラシーのプロセスを自社に取り入れて実践するにつれ、徐々に、私が求める成果が得られるようになった。

それと同時に、英雄的リーダー――何から何まで面倒を見て、すべてを背負って立つ人――としての自分に、私自身がひどく執心していたことがわかったのである。

自分の会社を育てた私の経験は、親にとっての子供を育てる意義と似たものであるはずだ。また、子供たちが成長し、親の庇護をもはや必要としなくなった時、私と同様にアイデンティティーの危機に直面した人もきっといるだろう。自分自身がこのお決まりのパターンに陥っているのを直視するのはつらかったし、それを手放すのはもっとつらかった。意識の高い、権限を委譲するサーバント・リーダーとして、会社と社員に偉大なまでに奉仕するという私自身の物語は、私の自己認識の一部になっていたからだ。私たちの文化が英雄的な地位に求めてきたのは強力なイメージであり、それはもっともなことだ。

なぜなら、中央集権化したリーダーシップに大きく依存する、伝統的な構造の組織においては、普通、それより他に手の打ちようがないからである。しかし、英雄的な役割が備えている数々の好ましい資質にもかかわらず、それを必死で全うすることは、私にとって自己満足に近いものにもなっていた。

それがもっぱら私の自己評価の拠り所になっていたし、私のアイデンティティーと自尊心も、英雄的なリーダーとしての自分を中心に構築されていたからである。そのために、最初は英雄的リーダーの限界に気づくことができなかったし、英雄的な、意識の高いリーダーシップにそれほど頼らなくて済む、他の可能性に目を向けることができなかった。

この英雄的リーダーに依存するパラダイムの限界は、今では私にも見えるが、それは、リーダーがどれほど面倒見が良く、カリスマ的で、無私無欲であろうとも、そのリーダーの能力によって、全システムの限界が決まってしまうということなのだ。そういうリーダーは超人的なはず、という期待があり、そして必ず、その期待に満たないことがわかり失望する。

勇気を出してそういう役割を乗り超え、それまでやってきたよりもうまく組織を運営できるプロセスに主導権を委ねた時、私は安堵感がこみ上げてくるのを感じた。

自分自身に対しても、他の人たちに対しても、**もう、超人的になろうと努力する必要もなければ、そんなふりをする必要もなくなった**からだ。

それと同時に、私自身の能力が驚くような形で突然解放されたことも感じた。それまで気づかなかったが、自分の権力を適切に行使しようとして、私はかなりのエネルギーを費やしていた。常に最高の自分でいられるように努めていたし、また、みんなの権限を奪ったり、抑圧したりすることのないように、自分のリアクションをなるべく抑えていたからだ。

私が行使する権力に対し、みんなが根本的に弱い立場にいることを認識していたので、権限を委譲する思い遣りあふれるリーダーとなりみんなに仕事を任せるためには、私のほうが、ある程度意識的に心がけて努力する必要があった。しかし、それには私自身がトーンダウンしなければならず、時には鋭いこともある私のモノの見方やその他の能力を十分に発揮して、影響力を行使することができなかった。

またある時には、そういう努力をやめて（あるいはただ努力が実らず）、リーダーの特権を利用して、プロジェクトを私自身のモノの見方と洞察力に任せて推進することもあった。だが、こうすると、みんなに権限を委譲したり、仕事を任せたりすることが犠牲になってしまうことが多かった。これはものすごいジレンマで、どちらも大事にしたいのに二者択一を迫られて、私はどうすることもできなかった。私自身の先見の明と揺るぎないモノの見方を押し隠すことなく、物事を推進できるようになりたかったし、それと同時に、私に干渉されない空間と権限をみんなが持てるような環境を生み出したかったのである。

ホラクラシーが導入された今では、私はもうどちらかを選ぶ必要はない。権限委譲を犠牲にすることなく、組織の推進力として、自分の能力のすべてを出し切ることができる。なぜなら、組織の究極の権力を私が行使したり濫用したりすることに、もう誰も影響を受けないからである。ガバナンスで決められていない限り、誰も私の言うことを聞く必要はないし、私の行動の結果としてひずみを感じることがあれば、それを処理する手段が全員に与えられている。

自分の意見やモノの見方を存分に表現でき、それを使って、自分のプロジェクトを推進できるようになって私は心底ほっとした。今では強く主張できるし、自分が率先してやりたい役割を担当できるし、みんなにプレッシャーを与えてしまう心配がないので、自分の能力をフルに発揮できる。また、根本的な権限剥奪型のシステムの中で「みんなに権限を与えよう」と努力して、無駄なエネルギーを費やすこともなくなったのである。

常に完璧であろうとするプレッシャーから解放され自然体でいられるのは、私だけでなく周りのみんなも同じである。それどころか、ホラクラシーのシステムには、私の至らない部分を受け入れる余地さえある。たとえついていない一日があっても、仕事に行き詰まっても、自分のアイデアにこだわりすぎても、みんなの権限と能力を損なうことがないからだ。

そうは言っても、ホラクラシーは、意識が高く、自覚のある、良きリーダーであることの価値を私からも、他の誰からも取り除くわけではないことは確かだ。ただ、そのニーズをもっと多くの人たちに分配し、到達不可能な理想ではなく、扱いやすいキャパシティにするだけなのだ。ホラクラシーは、常時偉大なリーダーとなるべき誰か一人の人物の能力に頼るのではなく、全員が、時には良きリーダーとなる能力に頼っている。だから、常時偉大なリーダーである人がいなくても構わないということにもなる。

これに関して言うと、ホラクラシーの原動力は、親子間の共存関係ではなく、むしろ同僚同士の対等な関係である。私たちはパートナーであり、各人は組織の目的に責任を負い、その目的を実現するための自分の役割にも責任を負う。ホラクラシー・ワンでは、社内のみんなの関係がこのように変更されただけでなく、このパートナーシップは、法的な事実である。

当社の組織の構造として、社員は存在しないのだ。全員がパートナーであり、ホラクラシー憲法が統治する合法的なパートナーシップにおいて、ホラクラシーのガバナンス・ミーティングを通じて、組織の法的権力構造に発言権を持っている。もちろん、こんなふうにホラクラシーに法的な拘束力を持たせる必要性がすべての会社にあるわけではない。ホラクラシーが単にポリシーとして採用された場合でも、絶大なインパクトがある。

ホラクラシーが組織文化にもたらす劇的な転換は、相当な犠牲を伴う。権力をリーダーに託し、指示を待ったり、自分の決定に許可をもらったりするほうが楽だという人もいるだろう。そういう人たちにとってホラクラシーは、居心地の良い隠れ家を手放し、権限とそれに伴うすべての責任を積極的に引き受けることを意味する。ある意味、もっとむき出しで無防備になり、影響を受けやすくなると同時に、たとえ、会社全体から見てほんの小さな一部の役割であっても、その役割を本当の意味で率先《リード》することが必要になる。

また、私自身がそうだったように、権限を委譲し世話を焼く良きリーダーであることに執着している人にとっては、ホラクラシーは、すべてを掌握したいという欲望を手放すことはもちろん、そういう自分のイメージと、そこから得ている自尊心のすべてを手放すことを意味する。その反面、あなたは創造力を使いこなす自由を思い切り味わえるようになるだろう。また、常に他のみんなの保護者であろうと努めるのではなく、あなた自身の仕事をこなすための能力が、新たに備わっていることにも気づくだろう。

ホラクラシー・コーチのアナ・マクグラースが、カーラー・フィナンシャル・グループの創設者リック・カーラーから聞いた話を教えてくれた。ホラクラシーを導入して1年ほど経った頃のことである。

「昨日、東海岸への出張から戻り、疲れてヨレヨレだったけれど、なんとかガバナンス・ミーティングに間に合った」と彼はアナに言った。「会議テーブルを6人が囲んでいて、私は7番目だったが、ほとんど部外者みたいな感じだった。私には共有すべき重要な案件が一つもなかったからだ。ミーティングが進行するのを見ていると、私がその場にいようがいまいが、そんなことはお構い無しにプロセスが進むことがはっきりわかったよ。ほぼ全員から議題が飛び出し、ホラクラシーの魔法が繰り広げられた。まるでオブザーバーとして出席しているみたいだったね。だけど、私がミーティングのプロセスに参加していなかったと誤解しないでくれ。そうじゃなくて、**私自身がプロセスではなかった**ということなんだ。ミーティングを「運ぶ」という責任は、私にとってこれっぽっちも存在していなかった。後日、同僚からこんなフィードバックをもらったよ。『悪い意味に取らないでほしいんだが、ミーティングであなたを〝お偉い〟存在だと感じなかったのは初めてだ。あなたはただ、我々の一員だった。会議テーブルを見回して、我々は一つのチームだって、心から思ったよ』」

リックにとっても、彼のような多くのリーダーにとっても、こういう経験をすると一気に肩の荷が下りた思いがするものだ。

それればかりか、当社のクライアントの一人が最近実行したように、待ち望んでいた休暇が取れることに気づくかもしれない。「ホラクラシーのおかげで、一切の仕事を遮断して、本物のバケーションが取れた。こんなの何年ぶり……いや、実は初めてだ」と打ち明けてくれたのが、フィル・カラヴァッジョ、食コーチングのリーディング企業「プレシジョン・ニュートリション」の創立者だ。

「そもそも、ホラクラシーでは、自分の役割と仕事を明瞭に明示的に規定せざるを得ないので、自分が不在の間、そういう役割を一時的に他の人たちにカバーしてもらうことが、拍子抜けするほど簡単になる。役割を代わってくれる人たちは、私と全く同じようにできるわけじゃないが、注意を払うべきものは何かを正確に把握し、それに関して明瞭な指示が得られることは確かだ。また、権力の空白状態もなければ、誰が何に対して責務を持つかを取り違えることもない。これはホラクラシー導入による、全く思いがけない、しかも非常にありがたい副産物だ。なぜかというと、もともと、ホラクラシーに転向した主な理由の一つが、私の共同創立者も私自身も『創立者燃え尽き症候群』を経験し始めていたからなんだ」

最終的に、ホラクラシーはシステム内のすべての人たちに権限を委譲するが、そこにはリーダー自身も含まれる。しかし最初は——先ほどの新しい制御装置付きの車のメタファーに戻ろう——大きく深呼吸して、見慣れない制御装置を把握し、車庫から車を出さなければならない。その時、周りのみんなも、あなたと同じことをしているのだ。

当社のクライアントを見ていて面白い傾向があることに気がついた。権限委譲に協力的なリーダーの場合、ホラクラシーへの移行をサポートしている間、私（または私の同僚の一人）が英雄的リーダーの役割を担ってくれるだろうと期待することがよくあるのだ。ミーティング・プロセスに取り組み始めると、リーダーたちは、私が彼らの感情と、チームの人たちの感情を斟酌《しんしゃく》して、彼らのニーズに合わせてプロセスを調整してくれるものと期待する。

ところが、私がプロセスを頑なに固守するものだから、彼らと彼らが家族のように思っている組織とをまるで私が個人的に蔑《ないがし》ろにしているかのように、怒りを感じる。私がファシリテーターとして、人ではなく、**プロセス**を大切にしているという事実に慣れてもらうにはしばらく時間がかかる。権力の空白を私自身に埋めさせようとする誘いには乗らず、私は憲法のルールに従って、ただプロセスがその仕事を全うする場を固守するだけである。初期の段階では、プロセスは煩雑だし、誰もそういうルールに慣れていない。しかし、それがどんなに不愉快であろうとも、代理のボスとなることでそれを和らげるのは私の仕事ではない。

その結果、最初はミーティング・プロセスが、リーダー無きカオスのように感じられることが多い。最近のクライアント先で、初めてのガバナンス・ミーティングを進行していた私は、参加者から上がってきた提案を一語一語書き留めていた。ただし、それらは明瞭に表現されていなかったり、正式なガバナンスの形式ではないものだった。だから、予想通り、提案としてあまり意味がなかったのである。

その後、私が「ガバナンスの提案として有効ではない」という反対意見を提起すると、私への不満が噴出した。「なぜ最初に提案を直させたり改善させたりしなかったんだ！」でも私はただ提案を書き留めて、プロセスを適用したのである。ゆっくりとではあるが確実に、プロセス自体が、提案されたものを明瞭にし、意味をもたらしてくれるだろう。

最終的に、みんなは、私でも、CEOでも、他の誰を頼るのでもなく、プロセスと、それを使う自分たち自身の能力を信頼し始めるのだ。

この権限の再分配の美しさは、管理職やコンサルタントや他の誰かが個人的な英雄的行為を取る必要性を排除している点にある。ひとたびホラクラシーが導入されると、各チームの権力は、たった一人の英雄的リーダーである管理職に属することをやめ、その代わり、憲法で具体的に定められたプロセスに属することになる。そんなことをすれば、目的のない、非効率的な、混沌とした組織になるのではと心配する人がいるかもしれないが、決してそんなことはない。ある意味で**誰もがみな、自分の役割のリーダーになる**からだ。

以前、研修参加者の一人が、このことを完璧に捉えて次のように言い表した。リーダーを原動力とする独裁から、リーダーなき集団に移行するのは、多くの企業が試してきたが、限られた成果しか上がっていない。その点、ホラクラシーが生み出すのは、**リーダーであふれる組織**なのだ、と。リーダーシップは到達可能なものとなり、それどころか当たり前のものにさえなる——なにしろ誰もがやっていることなのだから。

役割を「果たさざるをえない」環境

ホラクラシーへの移行をやりにくいと感じる可能性があるのはリーダーだけではない。ほとんどの組織に存在する親子のような力関係において、典型的な子供の役割を担う人たちは、たとえ権力剥奪型の力関係に不満を抱いていたとしても、そういう存在の形に深い愛着を感じていることが多い。

私たちの誰もが無能な管理職について時々愚痴をこぼすことがあるはずだが、ほとんどの人は、私たち自身でどう対処したらいいかわからないような問題を解決するために、英雄的リーダーに助けを求められたらいいなと思っているだろう。あるいは、そんな問題に責任を負ったり直面したりするのはゴメンだという人もいるだろう。ホラクラシーは誰に対してもこういう関係を断ち切るので、面白い結果がもたらされる。

みんなが自分の役割に権限を与えられるようになると、組織の食物連鎖のはるか末端にいることに慣れていた人たちは、**もうどこにも隠れる場所もなければ、責任を転嫁できる相手もいなくなる**ので、居心地の悪さを感じるものだ。

どれだけ権限を奪われようとも、子供や弱者の立場にいることは、責任から解放されているということでもある。井戸端会議で不平不満をこぼすだけで、自分が感じるひずみについて実際に行動を起こす必要はない。行動できるわけがない、そんな権限はないのだから。しかしホラクラシーはそういう立場を覆す。我々にはその権限があるのだ。

組織のどこに位置しようとも、自分が感じるどんなひずみをも有意義な変化に変える権限が与えられている。ザッポスのアレクシス・ゴンザレス＝ブラックが述べているように「ホラクラシーはあなたが抱える問題を取り除いてくれるわけじゃない。自分自身の問題を自分

で解決できるようにするツールなんです」（原注16）

初めは、そんな権限を行使するのが怖くて、権限を行使しても叱られたり罰を受けたりすることはない、とみんなが確信するまでには、しばらく時間がかかるかもしれない。しかし、ホラクラシーはあまり選択の余地を与えない。あなたを取り巻く組織のプロセスが、あなたの隠れ場所を光で照らし続けることになるので、権限委譲から逃げることは難しいのだ。**「ひずみを処理できるのに、あなたはそうしないことを選んでいるだけ」「発言権があるのに、あなたはそれを使わないことを選んでいるだけ」「全権を掌握する『上の人たち』は存在せず、あなたがいるだけ」**ということが、ホラクラシーで明白になるからだ。

また、あなたには権限があるだけでなく、役割を担当し、その役割の受託者として行動することに同意する場合、その責任を負うことも明らかになる。組織が進化できるかどうかは、あなたがセンサーとなり、感知するひずみを表明してくれることにかかっているのだ。

もちろん、自分の気に入らないことについて、みんな今でも時々文句を言っている。しかし、ホラクラシーが作用していると、選択の幅がぐんと広がるのだ。物事の現状について不満を述べることにエネルギーを浪費するだけでなく、さっさと何か措置を講じることもできる。このプロセスで、自分の意外な本心が現れることもある。弱者の役を演じ、「上の人たち」や「状況」のせいにするという選択肢がもはやなくなると、ただありのままの現実にあなた自身が抵抗していることに気づくだろう。

以前、ホラクラシー研修を履修した瞑想《めいそう》インストラクターが言っていたが、このプロセスは、彼女が瞑想のクラスで教えている、「自分が現実に抵抗していること、モノの見方に執着していることを認識する方法」と驚くほど似ているという。また、瞑想の修行と同じように、ホラクラシーの実践も簡単ではない。あなたの内面を映す鏡が、あなたが抵抗している一部始終を映し出すように掲げられ、しかも、無意識のうちに自分の抵抗を他者のせいにすることもできないので、ばつの悪い思いをするはずだ。

しかし、正真正銘の権限委譲にこれほど近いアプローチに、私は出会ったことがない。ホラクラシーでは、一人一人が精神的に強くなり、権限を所有することが求められる。このステップを踏み出すことは、時にはやりがいも感じれば、恐ろしいこともあり、おそらく、ウキウキするような経験にもなるだろう。

権限を所有するという慣れない世界に足を踏み入れることは、最初は落ち着かない感じがするはずだ。ホラクラシーがあれば、自分の役割に与えられた権限の範囲内のことなら、自分の決定にコンセンサスも承認も求める必要はない。

しかし、この習慣を破るのは難しいと感じる人もいる。みんなの意見を聞かずに決定すると、同僚が気分を害したり、怒ったりするのではないかと心配になるからだ。このような例が、ホラクラシーを導入して間もない、私の仕事先の企業で最近発生した。

あるサークルのセクレタリーが、隔週のガバナンス・ミーティングをスケジュールしておいたところ、ある朝、ＣＥＯが「海外出張に出ているので、次のミーティングには出られない。だからスケジュールし直してくれ」と告知したのだ。自分が関与するべき大事な議題がミーティングで話し合われることを懸念したからである。ホラクラシーのような大変革が進行していた企業のリーダーとして、そういう心配ももっともである。

ところが、私がＣＥＯに説明した通り、ホラクラシー憲法では、サークルのガバナンス・ミーティングと戦術的ミーティングの日程を組んだりキャンセルしたりすることは、選出されたセクレタリーに権限が与えられている。日程をいつにするべきかに関して、誰でも情報を提供できるが、それを考慮するかしないかを決める権限は、セクレタリーにあり、その件を追求する必要はない。

このケースでは、セクレタリーが判定を下し、予定通りミーティングを行うことになった。しかし、面白いことに、ミーティングが始まり、セクレタリーがいの一番に議題を提案したが、それは彼女の決定を正式なものにするために提案されたポリシーだった。「誰が出席できるかできないかにかかわらず、隔週で月曜日にミーティングを行う」

ここで興味をそそられたのは、セクレタリーには既に、その決定を行うための全権が与えられていたからである。ポリシーなど必要なかったのだ。実際、提案されたポリシーは、決定を後で変更したいと思った場合、彼女の最善の判断を行使する権限をただ**抑制する**だけなのである。こんな提案をした理由は、彼女は自分の自律性と権限を活用することを気まずく感じていて、他の人たち、ことにＣＥＯの安全地帯を侵害することを恐れていたからである。

　これはホラクラシー導入の初期段階でよくあることだ。権限を行使した結果、ひずみが生じることがあっても、ガバナンス・プロセスでそれを処理する機会が全員に与えられているのだから、ゆったりと構えていればいいのだが、ほとんどの人たちは権限を持つことに慣れていないので、それができない。セクレタリーは、コンセンサスがあったという事実を確保することにより、ＣＥＯや他の誰かが感じることになるかもしれないひずみを未然に防ぎたかったのである。

　そうすれば、彼女自身がもっと安心できるからだ。しかし、ホラクラシーの美しさは、こういうふうにひずみを未然に防ぐ行動が不要だというところにある。私がその次のコーチング・セッションで彼女に説明した通り、彼女はただ、自分の権限を活用すればよかったのだ。彼女が権限を行使するやり方について、ＣＥＯや他の誰かがひずみを感じたら、次回のガバナンス・ミーティングで、セクレタリーがミーティングの日程を設定する方法について、制約を設ける提案を行えばいいのである。

コンセンサスを求めないことを気まずく感じたり、何らかの決定を行うことや組織に波風を立てることを謝ったりするのは、良い兆候である。お互いの新しい関係へ、自分自身の役割へと移行し始めている証だからだ。

権限を所有し行使することにもっと慣れてくると、徐々に、謝る必要を感じなくなるだろう。心臓は、身体中に血液を循環させる前に、他のすべての臓器に確認を取るだろうか？ 肝臓は、有害な物質を解毒して排泄することを胃に詫びるだろうか？

こういう変化がより深く根を下ろし始め、リーダーに対する親子のような力関係から解放されたことをあなたが感じる時、**新たな意欲**がこみ上げてくるはずだ。それは、私のクライアントの言葉を借りれば、「自分の能力をぎりぎり限界まで発揮して仕事をこなそうとする強力な衝動――能力の限界を超えよう、新しいやり方で向上しようとする強力な衝動」であり、「その衝動はもはや、上司が厳しく監視しているから生じているのではない。自分の役割が自分に依存し、自分の役割の機能の仕方が全体のシステムを左右するという実感によって生じているのだ」

私たちがお互いに良い刺激となり、自分を向上させ、最善の自分であるべく努力していくとしたら、私たちの文化を変える、非常に強力な原動力となるはずだ。全員が互いに頼り合い、各人が絶対的な責任を全うしていることがわかっている場合、深い仲間意識が生まれるものなのだ。

感情や関係にとらわれず目的を遂行する組織

役割と責務から成る明快で透明性のある構造に近づくにつれ、あなたはより根本的なパラダイムシフトにも気づくようになるだろう。今までの決定と期待が、人間関係による社内政治や、特定の人々の間での合意にどれほど頼ってきたのかが明白になり始めるだろう。あるクライアント企業のＣＥＯはこの点について次のように述べている。

「ホラクラシーのおかげで、特定の人たちに何もかも依存する文化から、役割と実践に物事を任せる文化へと移行することができた」

ほとんどの人たちは、個人的な社内政治がまかり通る場合に発生する数々のマイナス面が過去のものとなれば、最終的にはほっとするはずだ。しかし多くの組織において、親密な企業風土には非常にポジティブな面もあり、それを手放すことのほうがずっと難しい。

それは、支え合う環境の中で発達し育まれた人間関係であり、思い遣りと人と人とのつながりを大切にする文化である。

こういう環境を享受してきた人たちは、初めてホラクラシーを体験する時、当然のことながら不安になるものだ。彼らは人間関係をうまく使って、組織のために成果を出してきた。それなのに、ホラクラシーは、効果があった物それ自体を手放すことを要求するのだ。また、彼らには、組織で働くことの意義や、組織における個人の位置付けについて、新しいメンタルモデル（人が物事に対して持っているイメージや捉え方）が必要になるだろう。

この点を強調するために、私はいつもきっぱり言っている。**ホラクラシーが主眼とするのは人ではない**。これは、ホラクラシーの実践にあたり、極めて受け入れ難い側面の一つだが、本質的な部分である。

ホラクラシーは、みんなを向上させたり、思い遣りを深めさせたり、意識を強めさせようとはしない。また、みんなに働きかけて、何か特別な文化を生じさせたり、何か特定の方法で関係し合うようにさせることもない。人や文化を変えようとするわけではないが、だからこそ、個人の成長や文化の発達がもっと自然に生じるような条件が――意図しない場合には生じないような条件が――提供されることになる。

私はこれを、ホラクラシーが持つ最も美しいパラドックスの一つだと考えている。また、これは簡単に説明できるものではなく、組織文化の向上や、個人の能力開発や、もっと意識の高いリーダーシップの促進を強く求めるのが最近のご時世とあっては、なおさら難しい。

　ホラクラシーは全く違う次元で作用するので、こういうプロジェクトと直接対立することはほとんどないし、ただ基盤となる別のシステムを設置するだけである。ホラクラシーのシステムにおいてこういうプロジェクトは、ただ単に、必要な変革をもたらすためのレバレッジポイント（システム内で、小さな努力や変化から大きな効果を得られる箇所）としてそれほど重要ではない、ということだ。また、そういうプロジェクトを直接追求しなくても、同じ成果がある程度得られるシステムなのである。

　ホラクラシーは、人々でも、人々の欲望やニーズ——どれほどポジティブなものであろうとも——でもなく、組織と組織の目的に焦点を絞っている。統合力に優れたホラクラシーのガバナンス・ミーティングにおいてさえ、一人一人に発言力が認められてはいるが、ポイントは当事者たちの個人的な同意を求めることでも、みんなが個人的に決定に満足するように取り計らうことでもない。

　ガバナンス・ミーティング・プロセスのルールの多くは、特別な狙いがあって設けられている。組織が果たすべき役割の具体的なニーズを考慮して、組織がその目的を実現するために必要なものは何か、それだけに確実に集中し、**個人的な意見**、**欲望**、**価値**、**ゴール**、**その他一切のものに煩わされないようにすること**がその狙いである。ホラクラシーのガバナンス・ミーティングで行われる決定は、みんなの同意を求めたり、コンセンサスに至ることを前提としていない。それどころか、特別な意味合いを持つルールがそういう考え方に入り込む隙を与えないし、たとえ入り込まれたとしても、すぐに排除する。

ホラクラシーのシステムとプロセスの主眼は、組織が独自のアイデンティティーを確立し、世界において自らの仕事を全うするための構造を発見できるよう組織を常時サポートすることにあり、同時に、人間の計略やエゴや政治から組織を守っている。子供が両親を超えて、自分自身のアイデンティティーとゴールを人生において確立するのと同じように、ホラクラシーのおかげで、組織は独自の目的をより大きな原動力とすることができるのだ。

デビッド・アレン・カンパニーがこういう移行期を経験していた時、社内の多くの人たちは、幾分人間味に欠けるアプローチに変わったことで苦労していた。彼らが長年努力して、非常に仲の良い、暖かく、親密な文化を築き上げてきたことは、同社のビルに足を踏み入れた瞬間に伝わってきた。みんなが互いに信頼し合い、互いの話に耳を傾け、深い連帯感を共有する、実に素晴らしい職場のように思われた。

ホラクラシーを導入する過程で、人々が仕事をしていたやり方から、その精巧に織り成された人間関係を意図的に切り離していったので、多くの人たちはその変化をかなり不快に感じたのである。しかし、ホラクラシーは、彼らが苦労して築いた連帯感や信頼を根こそぎ取り除こうとしていたのではなく、ただ、それらを別の空間に移動させ、組織に関わる事柄から解放しようとしていたのである。

ある時点で、デビッドはこのことにはたと気づき、彼自身の言葉で次のように表現した。「あなたが言っているのは、つまり、仕事をこなすために愛と思い遣りを使うことは、愛と思い遣りの不適切な使い方だ、ということなんですね」

それ以来、私はホラクラシーのこの側面を説明する際に、デビッドの言葉を好んで使うようになった。ホラクラシーを導入することにより、我々は愛と思い遣りの文化を退けたり、制限したりするわけではない。実は、人と人とのつながりという領域を、より一層神聖なものにしているのだ。

なぜなら、我々が導入しているのは、**連帯感や人間関係に頼ることなく、組織に関わるひずみを処理できるシステム**だからである。さらに、ホラクラシーには、組織に関わるひずみが人間関係に与える影響を低減するという、逆の作用もある。

数カ月後、自社がくぐり抜けたホラクラシーへの移行を振り返り、デビッドは興味深い見解を述べた。「責務が組織の末端にまで隅々に分配された今、私は以前に比べて企業文化にほとんど注意を払わなくなりました。機能不全のオペレーティング・システムの下では、少しでも我慢しやすくするために、価値観や何かに注目する必要がある。しかし、みんなが積極的に、より崇高な目的に注意を払い、自分の仕事を行い、しかもうまくやろうとする場合、文化は自然に発生してくる。無理強いする必要はないのです」

デビッドと彼のチームが見出していたことは、つまり、ホラクラシーは私的な領域や対人関係の領域を抑圧するどころか、実は、ビジネスや組織の政治でそういう空間を汚すことなく、みんながもっと完全に自分らしくなり、もっと完全に力を合わせられるように、人々を解放する、ということなのである。

このように、伝統的な組織で普通融合している領域、進歩的な組織ではより一層強力に融合していることもある領域が、ホラクラシーでは健全な形に切り離されている。私のビジネス・パートナーであるトム・トミソンは、これを「人の空間」「仲間の空間」を、「役割の空間」「組織の空間」と区別することだと言っている。私はこの区別と、それが指し示すものがとても気に入っている。人間が認識する、これらの非常に異なる領域は、どんな組織の中にもすべてが共存するために、境界が不鮮明になりがちだ。

「人の空間」と「仲間の空間」は、人間の持つ素晴らしい豊かさのすべてが作用する場所である。「人の空間」とは、あなた自身と、あなたの価値観、情熱、才能、野心、アイデンティティーに関わることであり、「仲間の空間」とは、みんなの交流の仕方と、みんなで共有する価値観、文化、意義付け、言語に関わることである。

それに対し、「役割の空間」とは、私たちが役割の受託者として、役割の目的を実現しそ

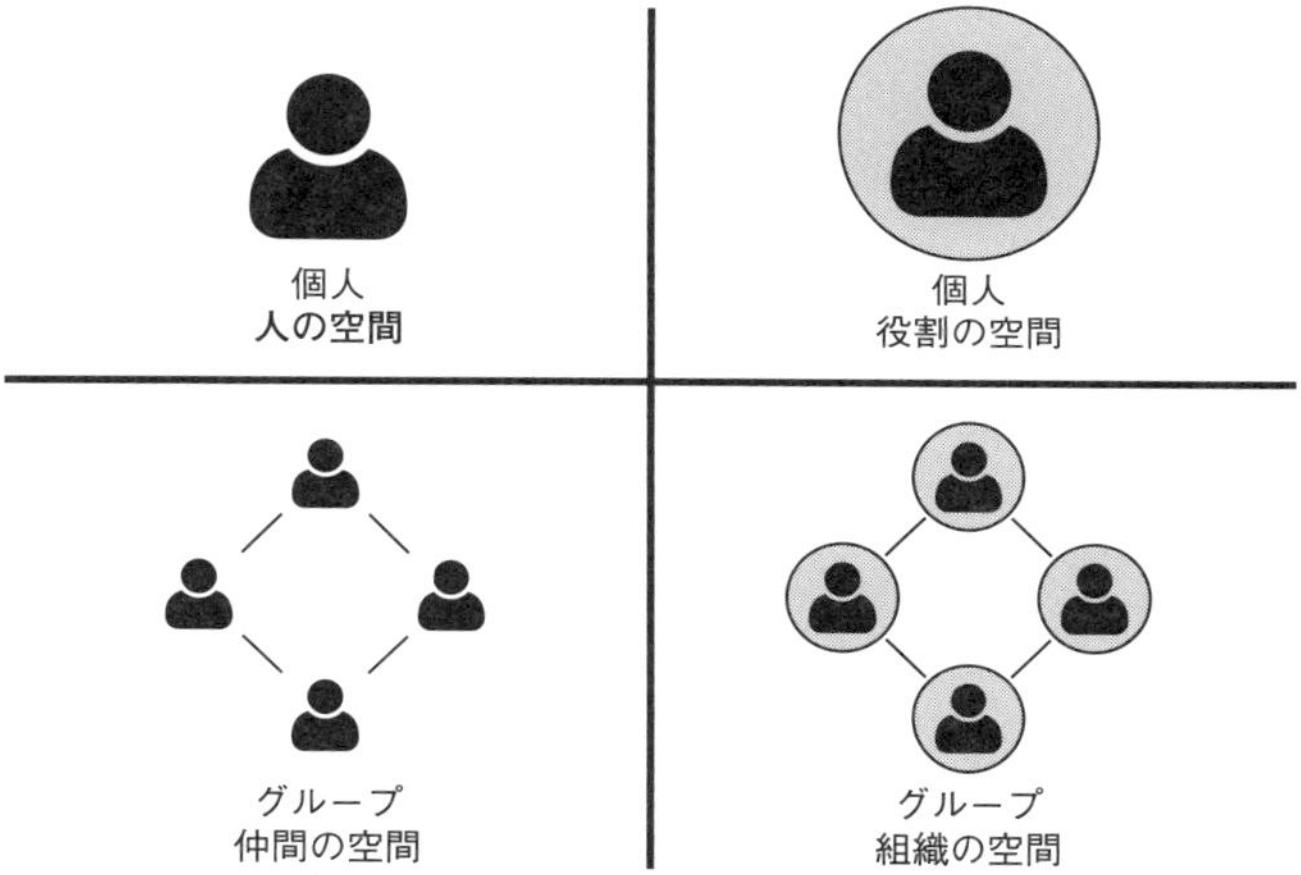

の責務を実行するために、**役割の名において**行動を取る場所である。最後に、「組織の空間」とは、役割同士が一緒に働く結果として生じ、組織の目的のためにそういう役割を統治する場所である。

ホラクラシーが私的な領域や対人関係の領域の価値をおとしめるのではないかと、最初は心配する人たちもいる。しかし、うまく実践されればそんな心配はないし、それどころか、個人をもっと深く敬う気持ちが浸透することをたびたび目にしている。こういう次元の問題に完全に集中して取り組んでいる多くの組織を見てきたが、ホラクラシーはそれよりはるかに大きな成果を上げているのだ。

それは、これら四つの空間を明瞭に区別し、空間と空間の間に適切な境界を保つことにより実現する。こうすると、いずれか一つが他の空間を支配することなしに、すべての空間が共存できる。また、無意識のうちに融合したり、境界が不鮮明になったりする状態から、別々だが統合された、健全な結びつきに変わるのだ。

ホラクラシーのプロセスのすべてが役割対役割の「組織の空間」に焦点を絞っていて他のものにはそれほど構わないので、対人関係に関わる「仲間の空間」はかなり目に付く無政府状態のまま放置される。この空間を規制することが組織の目的にとって本当にためになる場合には、アプリを作って規制してもいい。しかし、この空間をできるだけ規制せず、少なくとも組織による規制を排除しておくことには、絶大な効果が潜んでいると私は考えている。

もし、何人かの人たちが、例えば「もっと親身にコミュニケーションすること」など、何かに同意したいと思うなら、そうするのは当然だ。しかし、昨今の組織の方針として、成果を出すことが目的でみんなにそれを強制する場合、そういう同意が真価を発揮することはできず、薄っぺらいもので終わってしまう。

「これこれのやり方で付き合うように」とみんなに押し付けるのではなく、ホラクラシーは、**私たち人間が、どのようなやり方で個人的に付き合おうとも、組織が最大限に機能できるようにする**。ホラクラシーは、私たち自身の自己啓発の目標や文化的な欲望と、組織のニーズやガバナンスとを、融合させる試みを拒否する。人間の価値を組織の空間の外に置き、それにより組織が人間の価値の空間に干渉するのを防いでもいる。また、おそらくもっと大切なことは、組織の空間の中で働いている他の人たちが、組織の生産性の名を借りて、彼ら独自の価値観で私たちを支配しようとすることを防いでいるのだ。

皮肉なことだが、私の知る限り、人間関係に関わる企業文化を醸成する方法として、ホラクラシーに勝るものはない。共感にせよ、連体感にせよ、本物の意思疎通にせよ、組織の生産性を高めるヒューマン・ダイナミクスとして求め得るあらゆるものを、これほど豊かに育む方法は他にない。

自分が何かを行うことにはっきり同意していなければ、他の人が勝手に「それはお前のやるべきことだ」と思い込んでプレッシャーをかけてくることのない明瞭な空間で、別の存在（組織）とその目的の面倒を見るためにみんなが一緒に働ける場合、そういったヒューマン・ダイナミクスは、なんの束縛も受けずに自然に湧き起こってくるのだ。

こういう基盤があると、本当に職場に新しい世界が築かれる。その世界では、あなたの役割の遂行にあたり、やるべきことをやるための空間と自律性が与えられ、コンセンサスも根回しも必要ない。また、その世界では、あなたが行う何らかの決定が誰かの意にそぐわないからといって、あなたが保持する権限がグループのプロセスに押し切られてしまうことはない。誰がどんな責務を持つか、あなたが他の人に期待してよいものは何か（逆に、他の人があなたに期待してよいものは何か）がわかっているので、暗黙の期待に伴う、官僚主義や社内政治やエゴに煩わされる必要はない。

また、何かが不明瞭な場合、あるいは権限や期待を変える必要がある場合、統合的なガバナンス・プロセスを使って明瞭にすることができる。想像してみてほしい。あなたは毎朝仕事に出かける。その職場では、自分がどう振舞うべきか、自分に何が期待されているかに関して、他人の暗黙の考えに縛られることがないので、あなたは自分より大きな存在に思う存分仕えることができる。仕事を終えて帰宅する時、大抵の日は、自分の能力がその日一日十分に生かされたこと、自分で選んだ目的を果たすために、自分の才能が役立てられ、採り入れられたことを実感する。

ホラクラシーがうちの組織に築き上げたこの新しい世界にも、私の人生の他のスペースを解放してくれたことにも、私は大変満足している。今までとは全く違うやり方で物事を行うことは、最初はとっつきにくく感じるものだ。しかし、ひとたびそこを乗り越えて、新しい制御システムに慣れてしまえば、私たちの誰もが今日置かれている、予測不可能な、目まぐるしく変化する環境の中を、あなたとあなたの組織が楽々と、自由自在に動き回っていることに驚きと喜びを感じることになるだろう。

何よりも、組織の進化

この章で扱ってきたさまざまな転換は、ホラクラシー独自のものではない。ホラクラシーは、命令を遂行するための従来の手法の代わりに仲間同士の自己組織化と分散型制御を利用するシステムの一例にすぎない。ホラクラシーは多くの点で斬新だと私は考えているが、同様のパラダイムを反映する他のシステムやプロセスは、探せば簡単に見つかるだろう。

実は、新しいやり方で私たちの世界を構築し、人間の交流の仕方を刷新することを目指す大きな進化の流れがあり、ホラクラシーはそれを表すものの一つにすぎないと私は考えている。またホラクラシーがその大きな転換の一助となることを願っている。少なくともホラクラシーは、命令系統にトップダウン式の統治者を必要としない見本となることができる。

今日の世界で、さまざまな種類のリーダーを前に人々が自律性を放棄してしまうのを常々見ているが、それは驚くほどのことではない。私たちのほとんどは、家父長制的な権威を持つ人がいる家庭で育ち、就職してからは、ほとんど同様な構造を持つ環境で働き、また、私たち自身が、職場や家庭で、そういう権威のある人物になっていることだろう。

社会的に深く染み付いたそのパターンは、私たちの生活の非常に多くの側面で自然と繰り返され、強められている。

ホラクラシーで回る組織では、組織内の人たちに、全く異なる経験をする可能性が開かれる。それは**権限が分配され、みんなが一緒に大人になれる世界**だ。私たちの主権が尊重され、頼るべき究極の権限を持つ人物が存在しない世界では、唯一の存在である私たちができる限り互いに支え合いながら、自分の持ち場を各人がリードする。

もしも、あらゆる種類のリーダーや権威ある人物が、彼らを信頼するようにと私たちに迫ったら、また、私たちや他の人たちの人生に彼らが権限を行使することを認めさせようとしたら、ホラクラシーの経験をきっかけにして深く問い質したり、場合によっては疑念を抱くようになってもらいたい。

いずれにせよ、組織でも社会でも、静的な、中央集権化された制御システムが何か他のものに取って代わられるのを引き続き確認できるだろう。進化が好むのは、リアルタイムに発生するひずみに反応し、仲間同士の対等な関係の中で、突発的な命令が発生できるプロセスのようだ。

それを実現する最善の方法の一つは、システム全体にガバナンスを染み込ませることだと私は考えている。それはまるで呼吸をするかのようにごく自然に行われる完全に一体化したプロセスで、優れた建築家が前もって完全なデザインを組織に適用する必要もない。

　ここに、美しいパラドックスが存在する。権限を分配し、すべての部分とプレーヤーの自律性を尊重するシステムがあれば、団結力のある統合された全体として行動する能力を持つシステムも同時に手に入るのだ。だから実際には、中央集権化システムか、権力分散型システムかのどちらかを選ぶ必要はない。機能しているホラクラシーの美しさは、我々に両方を与えてくれることにある。自律性のある全体としての存在があり、それを構成する部分は相互に結びつき、どれをとっても、それら自体が自律性のある全体なのである。

　最後に、進化が何よりも好むものが一つあるとしたら、おそらくそれは、進化それ自体だろう。進化のデザインの車輪は有史以来回り続け、かつてないほど深く複雑な新しい構造を探し出している。革新的な飛躍が起こるたび、進化は、進化のプロセス自体のスピードを速め、ますます多くの人生の領域に拡大する方法を見つけているようだ。

　突き詰めて言えばホラクラシーは、新しいツールを使った新しい方法で、進化のプロセスに意識的に取り組むことへの招待状である。なぜなら、ホラクラシーを使うにせよ、別のシステムを使うにせよ、進化はいつか私たちの組織にたどりつくからだ。

あなたの組織に進化がやってくるのも時間の問題なのである。進化を招き入れるもよし、しばらくは進化と戦うもよし――。

　ただし、いずれにせよ、進化は私たちとともに歩むことになるだろう。

謝辞

たくさんの人たちがホラクラシーに貢献してきた。この手法を開拓し、世界で使用できるように直接取り組んできた人もいれば、あるいは間接的に、自分の仕事を通じてホラクラシーの発展に影響を与えた人もいる。そうやって力を貸してくれたり、インスピレーションを与えてくれた人たち全員の名前を挙げ、敬意を表するのは難しい。だから、私がこの場でお礼を申し上げられない方たちには予めお詫びするとともに、この最後の紙面を借りて、できる限り多くの方たちに感謝の気持ちをお伝えしたい。

早くからホラクラシーを採用してくれ、本書に最高の巻頭言を寄せてくれたことはもちろん、絶妙な明瞭さと実用性を備えたＧＴＤ手法の開発者であるデビッド・アレンに極めて特別な謝意を表する。ＧＴＤは、私がホラクラシーとともに探し求めていたシステムの優れた見本であり、私たちの周りの世界から入ってくる多くの情報を処理し、整理し、反応するための最も自然な手段を必然的に発見し、体系化している。私は、ＧＴＤが個人の整理術に提案したのと同様の「自然の法則」で、グループの整理術に適用できるものを探していた。デビッドの業績は私のインスピレーションの重要な源になっただけでなく、ホラクラシーの用語や主要なコンセプトに、もっと直接的に役立てられた。

あらゆる適切なやり方で、私を触発し後押ししてくれた、ホラクラシー・ワンの共同創設者トム・トミソンに特に感謝している。トムは、私自身のエネルギーと取り組みをほぼ完璧なまでに引き立ててくれた。ホラクラシーの黎明期、他の誰にも真似できないやり方で、彼はホラクラシーに挑んだ。彼が友情を込めて焚き付けてくれたおかげで、ホラクラシーの中核的なルールとプロセスに必要とされた発展と明瞭さが強引にもたらされ、私自身を私の創造物から切り離すことに役立った。彼はまた、ホラクラシー・ワンを築く上でも貢献し、組織をホラクラシーへ転向させるやり方について、今私たちが知っていることは、ほとんど彼が開拓したものだ。彼の尽きることのない思い遣りと無私の奉仕は、私と、この仕事に携わる他の多くの人たちにとって、非常に大きな心の糧となり、支えとなってきた。

ホラクラシー・ワンの一員となり、世界におけるその目的を実現するために尽力している、私のすべてのビジネスパートナーたちに対し、彼らのエネルギーと、親交と、常日頃の勤勉に感謝している。特に、設立時からの仲間であるアレクシア・ボウワーズ、早くから仲間に加わり、特に、トムと私以外の最初のホラクラシー・コーチとして、この上なく貢献してくれた、カリレン・メイズ、オリビエ・コンパーニュ、デボラ・ボイヤーにお礼申し上げたい。また、ルイス・ホフマンにもお礼申し上げる。彼は、当社のソフトウエア開発に取り組み、多大なる貢献をしてくれたことはもちろんだが、それ以上に、彼のように暖かく親切な人と一緒に働けて嬉しいし、見習いたいと思っている。また、早い時期に当社のライセンスを取得し、ホラクラシーを世界に広めることに尽力してくれた人たち、とりわけベルナール＝マリ・シケ、ディーデリック・ヤンセ、アナ・マクグラースに謝意を表したい。さらに、初期の重要な擁護者であり、ヨーロッパで初めてのワークショップ開催を実現させてくれたデニス・ウィットロックにも、一言感謝の気持ちを述べておきたい。

まだ、海のものとも山のものともつかないホラクラシーを、私のソフトウエア会社で検討することを支えてくれたこと、（特に）無謀にも自分たちの会社で実験しようとする私に我慢してくれたことについて、共同創立者のアンソニー・モカンとアレクシア・ボウワーズ、そしてプロセス重視のアジャイル・ソフトウエア開発者ビル・ショーフィールドとガレス・パウエルにも感謝を申し上げる。最終的には優美なシステムを生み出した弛まぬ実験は、それ自体はそれほど優美でないことが多かったので、あの時期あそこで働いていたみんなに感謝している。

組織の向上を目指す私自身の旅において、重要な役割を果たした書籍やその他の業績に対し、リンダ・ベレンズ、バリー・オシュリー、ピーター・センゲ、パトリック・レンチョーニ、ジム・コリンズ、エリオット・ジャックスに謝意を表する。

エリック・バインホッカー、ナシーム・ニコラス・タレブ、ケン・ウィルバー、マレー・ロスバード、ルードヴィッヒ・フォン・ミーゼスに対しては、彼らの独自のモデルと見解が最終的に役立ち、私が構築しようとしていたシステムと、そのシステムに効果があったものについて、私自身の理解を深められたことに感謝する。

ケント・ベック、メアリー・ポッペンディーク、ケン・シュワーバー、ジェフ・サザーランド、マイク・コーンを始めとする、自己組織化、アジャイル・プランニング、それらに伴う発想の転換に多大なる貢献をしてくれた、アジャイル・ソフトウエア開発のコミュニティーにおける多くのパイオニアの方々にお礼申し上げる。

ソシオクラシーに関する業績と同じテーマを扱った著作に関して、ヘラルト・エンデンビュルフに感謝している。彼のシステムから情報を得て初期のホラクラシーが発展し、私たちはレプリンクと選挙プロセスの使用を思いついたのである。

本書の執筆にあたり、私のライティング・コンサルタントであるエレン・デリーに感謝している。彼女の多大なる努力とスキルがなかったら、本書が日の目を見ることはなかったかもしれない。編集者のウィル・シュワルブにも心から感謝している。私のエージェントのリサ・クイーンとともに、本書に私が感じた以上のポテンシャルを見出してくれ、この原稿がそのポテンシャルを実現するために必要なものを私にも見えるようにしてくれた。おそらくもっと大事な点は、彼らには除外すべきものがわかっていたことだろう。

また、ホラクラシー・ワン社内で、本書を市場に出すためのプロジェクトの大部分を指揮してくれたクリス・コーワンにもお礼申し上げる。このプロジェクトを通じて当社が大変お世話になった、ヘンリー・ホルト出版社の全チームと、特にマギー・リチャーズとパット・アイゼンマンにも感謝申し上げる。

私の極めて型破りな子供時代を支えてくれ、どこから見ても非常に頑丈な自己意識を構築するのを助けてくれた、母シャーリー・マキーに感謝している。私の強力で健全なエゴの発達を促進する仕事を、母がこれほど見事にこなしてくれていなかったら、他の人たちを私のエゴから守るためのシステムなどは必要としなかったことだろう。

私自身とホラクラシーの向上にいろいろな面で貢献してくれていることに、私が改めて気づくことがいまだによくあり、言葉という荒く限られた道具ではとても言い尽くせないとはわかっているが、私の愛情と感謝の気持ちを妻アレクシア・ボウワーズに捧げる。彼女の名前はこの謝辞で既に2回登場したが、それは目に見えやすく敬意を表しやすい貢献に対するものである。しかし、それはほんの上っ面をなでたにすぎず、彼女はホラクラシーの物語にも、直接的に本書の執筆にも、多くの形で貢献してくれた。

最後に、本書で触れたリーダーや企業のすべてに対して、また、日々ホラクラシーを実践している他の多くの人たちに対して、その勇気、ビジョン、適応力、規律に敬意を表して、深く一礼させていただく。彼らは、世界において組織を構築し共同で働く新しいやり方を開拓する動きの一端を担い、その過程で、ホラクラシーが私自身の手を離れ、本当の運動となることに貢献している。ホラクラシーの将来の進化は、私自身が直接手直しするよりも、この大きなユーザーのコミュニティーにより、また、システムそれ自体について彼らが感知するひずみにより、ますます推進されていくことが私にはわかる。

子供が親元を離れ、自分の家族を築き始めるのを見守る親のように、私が誕生させたホラクラシーというこの創造物が、これほど支持され、熱心に取り組まれるコミュニティーを見つけたことに、私は特に感謝している。これならば、ホラクラシー自身の仕事が何であるかはこの先わかることだが、それがどんなものであろうと、ホラクラシーは世界でその仕事を全うできることだろう。

原注

1. David Packard, The HP Way: How Bill Hewlett and I Built Our Company (HarperBusiness, 2006), p. 142.

2. Eric D. Beinhocker, The Origin of Wealth: The Radical Remaking of Economics and What It Means for Business and Society (Harvard Business Review Press, 2007), p. 12.

3. Ibid., p. 334.

4. Gary Hamel, speech at the 2009 World Business Forum. Quoted in Seth Kahan, "Time for Management 2.0," Fast Company, October 8, 2009, http://www.fastcompany.com/1394289/hamel-time-management-20

http://www.fastcompany.com/1394289/hamel-time-management-20

5. Gary Hamel, "First, Let's Fire All the Managers," Harvard Business Review, December 2011,

https://hbr.org/2011/12/first-lets-fire-all-the-managers, accessed December 2014.

6. Alexis Gonzales-Black's remarks are drawn from the Zappos Insights blog post "What Does Leadership in Self-Organization Look Like?," October 8, 2014, http://www.zapposinsights.com/blog/item/what-does-leadership-in-selforganization-look-like, accessed October 2014; and Alexis Gonzales-Black, "Holacracy at Zappos—The First Year of Adoption," online interview by Anna McGrath, October 29, 2014.

7. Evan Williams, speaking at the 2013 Wisdom 2.0 conference.

8. David Allen, GTD Times Podcast, "What If We All Had Accountability?," September 2011.

9. Michael E. Gerber, The E- Myth Revisited (HarperCollins, 2004), pp. 97-115.

10. David Allen, Making It All Work: Winning at the Game of Work and the Business of Life (Penguin Books, 2009).

11. David Allen, Getting Things Done: The Art of Stress- Free Productivity (Penguin Books, 2002), p. 38.

12. David Allen, "Productive Living" newsletter, http://gettingthingsdone.com/newsletters/archive/0713.html, July 18, 2013.

13. Nassim Nicholas Taleb, The Black Swan: The Impact of the Highly Improbable (Random House, 2007), p. 157.

14. Beinhocker, The Origin of Wealth, p. 347.

15. Ibid., p. 14.

16. Gonzales-Black, "Holacracy at Zappos."

装丁　長井究衡

〈著者紹介〉
ブライアン・J・ロバートソン（Brian J. Robertson）
ホラクラシー・ワン創設者。もともとCEOを務めていた自分の会社で経営手法を実験しながら、ホラクラシーを開発した。前職では、ソフトウエア企業を設立、指揮して急成長させた。現在は、ホラクラシーをサポートするために設立した組織ホラクラシー・ワンに勤務する。彼の尽力により、世界中で数百社がこの手法を導入し実践している。フィラデルフィア近郊に在住。

〈訳者紹介〉
瀧下哉代（たきした・かなよ）
東京外国語大学フランス語学科卒業。経営コンサルティング会社アジア・アドバイザリー・サービス、投資銀行ブロードビュー・インターナショナルに勤務後、2001年に渡米。ウィスコンシン州で有機農業に携わり、２児の出産、育児を経て、2014年に一家でアリゾナ州に移住。ビジネス書やアート系書籍の他、最近ではアリゾナの豊かな自然に刺激され、自然に関する書籍も手がけるなど、幅広いジャンルで翻訳を行っている。訳書に『ブルーノ・ムナーリの本たち』（ジョルジョ・マッフェイ著、ビー・エヌ・エヌ新社）、『ベテラン営業マンの仕事術』（ステファン・シフマン著、アルファポリス）、『BROOKLYN MAKERS』（ジェニファー・コージー著、エクスナレッジ）など。

翻訳協力：株式会社トランネット http://www.trannet.co.jp

HOLACRACY《ホラクラシー》
役職をなくし生産性を上げるまったく新しい組織マネジメント

2016年2月5日　第1版第1刷発行

著　者　ブライアン・J・ロバートソン
訳　者　瀧　下　哉　代
発行者　小　林　成　彦
発行所　株式会社ＰＨＰ研究所
東京本部　〒135-8137　江東区豊洲5-6-52
　ビジネス出版部　☎03-3520-9619（編集）
　普及一部　☎03-3520-9630（販売）
京都本部　〒601-8411　京都市南区西九条北ノ内町11
PHP INTERFACE　http://www.php.co.jp/
組　版　朝日メディアインターナショナル株式会社
印刷所　大日本印刷株式会社
製本所　東京美術紙工協業組合

ISBN978-4-569-82771-1

PHPの本

知能のパラドックス

なぜ知的な人は「不自然」なことをするのか?

サトシ・カナザワ 著／金井啓太 訳

ＩＱの高い人はクラシック音楽好きで夜型人間が多い!? 知能の正体を進化心理学の観点から解明し、成功との因果関係を論じた本。

定価 本体二、〇〇〇円（税別）